David Heinrich Müller

Die altsemitischen Inschriften von Send Schirli in den königlichen Museen zu Berlin

Text in Hebräischer Umschrift, Übersetzung, Commentar, grammatischer Abriss und Vocabular

David Heinrich Müller

Die altsemitischen Inschriften von Send Schirli in den königlichen Museen zu Berlin
Text in Hebräischer Umschrift, Übersetzung, Commentar, grammatischer Abriss und Vocabular

ISBN/EAN: 9783743492868

Hergestellt in Europa, USA, Kanada, Australien, Japan

Cover: Foto ©Andreas Hilbeck / pixelio.de

Weitere Bücher finden Sie auf **www.hansebooks.com**

DIE

ALTSEMITISCHEN INSCHRIFTEN

VON

SENDSCHIRLI

IN DEN KÖNIGLICHEN MUSEEN ZU BERLIN.

TEXT IN HEBRÄISCHER UMSCHRIFT, ÜBERSETZUNG, COMMENTAR,
GRAMMATISCHER ABRISS UND VOCABULAR.

VON

D^{R.} DAV. HEINR. MÜLLER,

ORD. PROFESSOR AN DER K. K. UNIVERSITÄT WIEN.

WIEN, 1893.
ALFRED HÖLDER,
K. UND K. HOF- UND UNIVERSITÄTSBUCHHÄNDLER
I., ROTHENTHURMSTRASSE 15.

Separatabdruck aus der „Wiener Zeitschrift für die Kunde des Morgenlandes", Band VII.

Druck von Adolf Holzhausen,
k. und k. Hof- und Universitäts-Buchdrucker in Wien.

Ausgrabungen in Sendschirli.[1]

Seit mehreren Jahren ist es im engen Kreise von Fachgenossen eine bekannte Thatsache, dass in Nordsyrien eine neue Stätte von Alterthümern entdeckt worden ist. Schon im Herbste des Jahres 1889 stand ich im Berliner Museum bewundernd vor der gewaltigen Statue Asarhaddon's und dem Bruchstücke eines sehr alterthümlichen Denkmals mit einer grossen Inschrift in altsemitischen Buchstaben. Diese Denkmäler, sagte man uns, stammen aus Sendschirli, einem unscheinbaren Kurdendorf im nordwestlichen Syrien, am Fusse des Amanusgebirges in der grossen Ebene zwischen diesem und dem Kurd-Dagh, etwa 37 Grad 6 Minuten nördlicher Breite und 36 Grad 41 Minuten östlicher Länge von Greenwich und gegen 530 Meter über der See gelegen. Die Ausgrabungen daselbst wären auf Kosten des Orient-Comités, das sich zum Zwecke der Erforschung Vorderasiens gebildet hatte, unternommen und von dem berühmten Entdecker des Altars von Pergamon, Director Dr. HUMANN, und unserem Landsmanne Dr. FELIX v. LUSCHAN geleitet worden.

Eine zweite Expedition unter Führung von Dr. v. LUSCHAN, Prof. EUTING und Architect KOLDEWEY wurde gegen Weihnachten 1890 von demselben Comité mit reichen Hilfsmitteln ausgerüstet. Die

---

[1] *Ausgrabungen in Sendschirli*. I. Einleitung und Inschriften. Mit einer Karte und 8 Tafeln. Berlin, SPEMANN 1893 (Mittheilungen aus den Orientalischen Sammlungen der königl. Museen zu Berlin).

Ausgrabungen wurden diesmal (von Januar bis Juli) in grossem Style fortgesetzt. Aus sachlichen Gründen wurde Stillschweigen über die Resultate der Ausgrabungen beobachtet und ein Schleier des Geheimnisses über die eigenartige Schatzgräberei gebreitet. Dass auch eine dritte Expedition (von October 1890 bis April 1891) ausgeführt worden war, ist mir erst jetzt bekannt worden. In Fachkreisen war man auf die Ergebnisse dieser Ausgrabungen, der ersten von Deutschland unternommenen, sehr gespannt, und die einzelnen durchsickernden Nachrichten erhöhten nur die Begierde, endlich den Schleier gelüftet zu sehen, der die neuen Entdeckungen verhüllte. Nun liegt das erste Heft des Berichtes vor, und dieses enthält des Neuen und Merkwürdigen so viel, dass es Pflicht und Vergnügen zugleich ist, die öffentliche Aufmerksamkeit darauf zu lenken.

In einer äusserst anregenden und lehrreichen Einleitung schildert Herr v. Luschan die wesentlichen Resultate der Ausgrabungen, die nach und nach durch Veröffentlichung der ausführlichen Berichte, der schönen Reliefs und der zahlreichen Pläne verlebendigt werden sollen. Der Schutthügel von Sendschirli, der nun zum Theil aufgedeckt ist, bildet durchaus keine vereinzelte Erscheinung. Im ganzen Gebiet des Orontes, in der Thalebene des Melas und weiter bis zum hohen Taurus bedecken derlei Hügel den Boden. Es sind nicht natürliche Erhöhungen, sondern Trümmer alter Burgen und Städte, die unter den Ruinen noch Ueberreste des alten Lebens und der alten Herrlichkeit bergen.

Ein solcher Schutthaufen ist Sendschirli, das seit 1883, da es von Puchstein und v. Luschan gesehen worden, als Ruinenstätte auf der Kiepert'schen Specialkarte erscheint und dessen Erdbewegung nunmehr in drei Expeditionen von 15 Arbeitswochen mit durchschnittlich 80 Arbeitern täglich und 43 Arbeitswochen mit durchschnittlich 143 Arbeitern täglich und mit Zuhilfenahme schmalspuriger Eisenbahnen zur Entfernung des Schuttes etwa die Hälfte der gesammten Masse des Hügels erreicht hat.

‚Die Freilegung des grossen Burgthores mit 40 Reliefdarstellungen, der Nachweis eines gleichfalls mit alterthümlichen Reliefs

geschmückten Aussenthores, der Fund einer grossen assyrischen
Stele Asarhaddon's und ein zufällig in der unmittelbaren Nähe des
Hügels aufgefundenes Stück einer grossen Statue mit einer altsemitischen Inschrift waren die wichtigsten Resultate der ersten Expedition.'
Der zweite Feldzug wurde mit der Auffindung von vier Statuen
eröffnet, von denen eine wieder eine altsemitische Inschrift trug.
Durch die Fortsetzung der Ausgrabungen wurden die doppelten Ring-
mauern der Unterstadt blossgelegt. Jede dieser kreisförmigen Mauern
von mehr als zwei Kilometer Umfang hat hundert Thürme und drei
Thore. Auch die Burgmauern, die unregelmässig eiförmig sind,
konnten zum Theil gefasst werden, so dass der höchste und älteste
Theil der Stadt von einem fünffachen Mauergürtel umgeben erscheint.
Im Inneren der Burg sind bis jetzt ein alter Bau mit zwei hohen
Thürmen, ferner zwei Paläste, einer im Nordosten und einer im
Westen aufgedeckt und untersucht worden, von denen der Westpalast wieder eine altsemitische Bauinschrift barg. Der Westpalast
ist gleichzeitig mit der semitischen Inschrift, der Nordpalast jünger,
die beiden Thürme und die Umfassungsmauer sind älter. Der Einblick, den die Ausgrabungen in die von Schutthügeln bedeckten
Geheimnisse gewähren, ist merkwürdig genug. Mitten zwischen den
rohen Reliefs syrisch-kappadokischen Styles mit den sogenannten
hetitischen Hieroglyphen stand im äusseren kleinen Hofe des Burgthores der gewaltige Monolith Asarhaddon's, als ob den Entdeckern
gleich die älteste Zeit der Gründung der Burg und die letzte Blüthe
vorgeführt werden sollte; und damit auch der Uebergang zwischen
der Urzeit und der letzten Periode assyrischer Herrschaft nicht fehle,
stellen sich die altsemitischen Inschriften ein, die, älter als das assyrische Denkmal, aber weit jünger als die alten rohen Reliefs, eine
mittlere Periode historischer Entwicklung repräsentiren.

Der Monolith Asarhaddon's erzählt von der Eroberung Memphis'
und der Besiegung des Tirhaka, der auf dem Relief neben einem
anderen besiegten König (Baalu von Tyrus) abgebildet ist. Beiden
unglücklichen Königen sind Ringe durch die Lippen gezogen, an
denen sie wie wilde Thiere an der Leine gezogen werden. Durch

die Erzählung von der Einnahme Memphis', die im zweiten Feldzuge nach Aegypten stattfand, ist die Aufstellung des Monoliths zeitlich genau zu bestimmen. Man darf als Datum das Jahr 670 v. Chr. ansetzen. Den figuralen Darstellungen auf dem Monolith widmet v. LUSCHAN eine vertiefte kritische Untersuchung, die sich zum Theil mit der SCHRADER's deckt, zum Theil aber in ihren Resultaten von denen SCHRADER's abweicht. Die Veröffentlichung und Uebersetzung der Inschrift rührt von der bewährten Hand des Berliner Assyriologen her.

Würde uns der Schutthügel von Sendschirli ausser dem Standbilde Asarhaddon's keine anderen Inschriften aufbewahrt haben, so wüssten wir wohl, dass hier eine alte Burg und die Residenz eines assyrischen Statthalters gestanden hat, die das Schicksal der grossen Residenzen Ninive, Dur-Sarrûkin, Kalach und Assur theilte. Ueber die alten Einwohner der Burg, wie über die Schicksale derselben in früherer Zeit könnten wir daraus nichts erfahren. Zum Glücke sind uns noch andere Zeugnisse aus der Vergangenheit in anderer Schrift und Sprache erhalten, ich meine die schon erwähnten altsemitischen Inschriften, die zum Theile in Sendschirli, zum Theile in der Nähe desselben aufgefunden worden sind. Diese Denkmäler sind es ganz besonders, die durch ihre historische Bedeutung, nicht minder aber durch ihre sprachlichen und graphischen Eigenthümlichkeiten sozusagen den Ruhm der Entdeckungen von Sendschirli bilden. Wir müssen uns für jetzt auf die Besprechung von zwei Inschriften beschränken, von denen nur die eine von dem Berliner Orientalisten Professor EDUARD SACHAU mit gewohnter Gründlichkeit und Gelehrsamkeit entziffert, übersetzt und erklärt worden ist, während von der anderen ein von der Meisterhand JULIUS EUTING's angefertigtes Facsimile und eine Umschrift in hebräischer Quadratschrift vorliegen. Aus einer dritten kennen wir nur einen Auszug und einige kurze Citate. Die Berichte über die Ausgrabungen in Sendschirli erscheinen als ein Theil der Mittheilungen aus den orientalischen Sammlungen der königlichen Museen in Berlin, die grossen Statuen und Inschriften bilden jetzt die Zierde derselben. Es ist daher im Interesse der Wissenschaft gelegen und eine Art Pietät gegen die

Stifter der Denkmäler, dass die in den Museen aufbewahrten Kostbarkeiten, um im Style der Inschriften zu sprechen, nicht ‚an einen dunklen Ort' gestellt werden.[1]

Die Inschrift auf der Statue des Panammu.

Die auf einem verlassenen Friedhofe bei einer Tachtaly-Bunary genannten Quelle unweit von Sendschirli gefundene und von EDUARD SACHAU entzifferte Inschrift befindet sich auf einem walzenförmigen Stein, dem unteren Theil einer grossen Statue, die jetzt noch eine Höhe von 1·93 Metern aufweist und ursprünglich gewiss mehr als 3 Meter hoch war. Die Vorderfläche trägt ein 1 Meter hohes, 1·50 Meter langes Inschriftenfeld mit 23 Zeilen einer altsemitischen Inschrift in erhaben hervortretenden Buchstaben. Der Stein ist Dolerit, die Inschrift leider nur zum Theil gut erhalten, das letzte Drittel fast ganz zerstört.

Dank der sehr gründlichen Arbeit SACHAU's und seiner historischen Untersuchungen sind wir in der Lage, die Inschrift, so weit sie erhalten ist, zu lesen, zu verstehen und sie historisch zu localisiren. Es ist ein Stück alter Geschichte im biblischen Style von

---

[1] Einen ausführlichen Bericht über die Ausgrabungen in Sendschirli habe ich in der *Neuen freien Presse* Nr. 10232 und 10233 vom 16. und 17. Februar 1893 veröffentlicht. Dort ist auch eine Uebersetzung der beiden altsemitischen Inschriften gegeben worden, die hier in vielen Punkten berichtigt und ergänzt werden wird. Seither erhielt ich in Folge eines Ansuchens an die Generalverwaltung der königlichen Museen zu Berlin Abklatsche von den beiden Inschriften und zwar von der Panammu-Stele 5 Blätter und von der Inschrift auf der Statue des Hadad 9 Blätter. Indem ich der Generalverwaltung für das freundliche Entgegenkommen auf's Verbindlichste danke, muss ich jedoch betonen, dass diejenigen Stellen, die auf dem Steine gut erhalten sind, auch auf den Abklatschen vortrefflich hervortreten und ein volles Bild der Schrift gewähren, dass dagegen die schadhaften Stellen, darunter auch solche, die SACHAU und EUTING mit Sicherheit gelesen haben, auf den Abklatschen zum Theil nur sehr undeutlich erscheinen, zum Theil kaum die Spur eines Zeichens aufweisen. Gerade solche Stellen fordern eine äusserst sorgfältige und mühevolle Behandlung beim Abklatschen. Für die schadhaften Stellen bin ich also mit denjenigen Ausnahmen, die ich in den Noten jedesmal angeben werde, auf die Lesungen SACHAU's und EUTING's angewiesen.

einer Klarheit und Einfachheit des Ausdruckes, wie sie die besten historischen Stücke der heiligen Schrift aufweisen. Durch ein sorgfältiges Studium der Inschrift ist es mir, wie ich glaube, gelungen, an vielen Stellen den Zusammenhang herzustellen und Manches zu verstehen, was dem Herausgeber dunkel geblieben ist, was jedoch das grosse Verdienst Sachau's um die Entzifferung der Inschrift in keiner Weise verringert.

Ich lasse nun auf nebenstehender Tafel den Text der Inschrift nach der von Sachau gegebenen Umschrift folgen.

Uebersetzung.

1. Diese Statue hat gesetzt Bar-Rekûb seinem Vater, dem Panammu, Sohn des Bar-Ṣûr . . . . [zur Erinnerung an das] Jahr, in dem entronnen war mein Vater [dem Untergange des Anhanges]

2. seines Vaters. Gerettet haben ihn die Götter von Ja'di vor seinem Verderben. Eine Verschwörung fand statt in dem Hause seines Vaters und es erhob sich . . . . . [ein Empörer und brachte] Verderben . . . .

3. in das Haus seines Vaters. Und er tödtete seinen Vater Bar-Ṣûr und tödtete 70 Verwandte seines Vaters . . . . . .

4. und mit seinem (des Geschlechtes) Rest, den Männern, füllte er die Kerker. Und er machte die zerstörten Städte zahlreicher als die bewohnten Städte . . . . [Da sprach der Gott Hadad: ‚Weil ihr] verübt habet

5. Krieg gegen mein Haus und weil ihr getödtet habet einen meiner Söhne (den Bar-Ṣûr), so habe ich auch gebracht Krieg über das Land Ja'di und Ḥil[babah] . . . . Panammu, Sohn des Karrûl . . . . . und vernichtet wurden

6. Getreide, Durra, Weizen und Gerste und es stellte sich eine halbe (Mass Weizen) um ein Schekel und ein Schatrab (Gerste) um ein Schekel und ein Asnah Getränke um ein Schekel. Und es führte mein Vater [zahlreiche Geschenke und kam]

7. zum Könige von Asur. Und er setzte ihn zum König über das Haus seines Vaters und zerstörte den Stein des Verderbens aus dem Hause seines Vaters . . . .

8. Und er untersuchte die Gefängnisse und liess frei die Gefangenen von Ja'di . . . und er liess frei die Frauen . . . . das Haus der Getödteten . . . . . [und er baute wieder]

9. das Haus seines Vaters und machte es schöner als es vorher gewesen. Und reichlich war Weizen und Gerste und Getreide und Durra in seinen Tagen. Und was für Nahrungsmittel immer . . . . . [und was für Getränke immer],

10. es sank der Kaufpreis. Und in den Tagen meines Vaters Panammu gab er die Stadt der Kafiri und der Rakab . . . . meinem Vater Panammu in der Mitte der Könige von Kebar . . . [Es schloss sich nicht dem Feinde des Königs von Asur an]

11. mein Vater, wenn er auch viel Silber besass und viel Gold. Nach seiner Weisheit und seiner Gerechtigkeit richtete er den Mund(?) (d. h. schloss sich an) der Partei seines Herrn, des Königs von Asur . . . [und es unterordnete ihm der König]

12. von Asur die Statthalter und Nebenkönige von Ja'di, und es erwies ihm Gnade der König von Asur mehr als den Königen von Kebar . . . . [Und es kämpfte mein Vater] . . .

13. auf den Streitwagen seines Herrn Tiglatpileser, des Königs von Asur, auf den Zügen . . . von Sonnenaufgang bis Untergang . . . . [und Tiglatpileser eroberte]

14. die Viertheile der Erde und die Töchter des Sonnenaufganges führte er nach Westen und die Töchter des Westens führte er nach Osten. Und mein Vater [leistete ihm Heeresfolge und es fügte hinzu zu]

15. seinem Gebiete sein Herr Tiglatpileser, der König von Asur, Städte aus dem Gebiete von Gurgum . . . Und mein Vater Panammu, Sohn des Bar-Ṣûr . . . . [eroberte?]

16. Schamrag. Dann starb mein Vater Panammu im Gefolge(?) seines Fürsten Tiglatpileser, des Königs von Asur im Lager Ik . . . .

17. Und es beweinte ihn der Prinz(?) des Reiches und es beweinte ihn das ganze Lager seines Fürsten, des Königs von Asur. Und es nahm sein Fürst, der König von Asur . . . . [beweinte(?)]

18. seine Seele. Und er liess veranstalten eine Trauerfeier auf dem Wege und liess führen (die Leiche) meines Vaters von Da-

maskus nach diesem Orte. In meinen Tagen . . . . [wurde er hier beigesetzt und es bewein]-
19. te ihn sein ganzes Haus. Und ich Bar-Rakûb, Sohn des Panammu [durch die Gerechtig]keit meines Vaters und wegen meiner Gerechtigkeit setzte mich mein Fürst, der König von Asur . . . . [auf den Thron]
20. meines Vaters Panammu, Sohn des Bar-Ṣur. Und ich habe errichtet dieses Denkmal [meinem Vater] dem Panammu, Sohn des Bar-Ṣur und ich habe gebaut . . . .
21. . . . . vor dem Grabe meines Vaters Panammu . . . . .
22. und ein Denkmal dessen(?) ist es. Und Hadad und El und Rakûbel, der Hauspatron, und Schemesch und alle Götter von Ja'di . . . . [mögen denjenigen, der dieses Denkmal zerstört, verfluchen]
23. . . . vor Göttern und vor Menschen.

Wir erfahren von einer Revolution, welcher Bar-Ṣûr, der Grossvater des Stifters der Inschrift, mit 70 Personen der königlichen Dynastie zum Opfer gefallen sind. EDUARD SACHAU nimmt an, dass die Empörung von einem Sohne des Bar-Ṣûr, einem Bruder des Panammu, angestiftet worden sei, und dass der Sohn den Vater ermordet und ein Blutbad in der königlichen Familie angerichtet habe, dem nur Panammu entronnen war. Aus der Inschrift, wie ich sie auffasse und ergänze, folgt dies in zwingender Weise nicht, aber möglich, sogar wahrscheinlich bleibt es immerhin, dass die Empörung von einem Blutsverwandten des Königs ausging.

Unter ähnlichen primitiven Verhältnissen trug sich in der Gegend von Sichem eine Begebenheit zu, die in dem Buche der Richter, Capitel 9, erzählt wird: Als die Israeliten schwer unter dem Drucke der Midianiten seufzten, war es Gideon, der Sohn des Joas, der sich an ihre Spitze stellte und sie von den Midianiten befreite. Die Israeliten übertrugen ihm die Herrschaft, und er wirkte als Richter 40 Jahre und hinterliess siebzig Söhne. Nach seinem Tode trat Abimelech, ein Sohn Gideon's von einer Sklavin, an die Männer von Sichem heran und sprach zu ihnen: „Ist es für euch besser, dass über euch herrschen 70 Mann, die Söhne des Jerubaal (Gideon), oder dass Einer über euch herrsche?" Und so riss Abimelech die Herrschaft an sich und tödtete seine Brüder, die Söhne Jerubaal's, 70 Mann auf Einem Felsen. Nur Jotam, der jüngste Sohn Jerubaal's, rettete sich. Die Parabel von den Bäumen des Waldes, welche einen König suchen und wählen, die er an die Männer von Sichem richtete und die mit einem Fluche auf Abimelech und die Männer von Sichem endigte, ist bekannt. Der Fluch ging in Erfüllung, und die Ermordung der 70 Söhne Jerubaal's kam auf das Haupt Abimelech's und der Einwohner von Sichem.

Ich möchte auch noch an eine andere biblische Episode erinnern, die im zweiten Buche der Könige, Capitel 9 und 10, zu lesen ist: Als der König Achab von Israel es mit dem Propheten Elijahu und seinem Jünger Elisa verdorben hatte, salbte ein Jünger des Letzteren den Jehu, Sohn des Nimsi, zum König über Israel. Dieser ermordete Achab und liess auch die siebzig Söhne des Achab in Samaria niedermetzeln, deren Köpfe ihm wohlgezählt zugeschickt worden sind. Es ist merkwürdig, dass bei diesen drei Katastrophen sich die verhängnissvolle Zahl siebzig wiederholt. Wir dürfen daraus schliessen, dass an allen drei Stellen die Zahl nicht wörtlich zu nehmen und dass darunter die Sippe des Königs zu verstehen sei.

Nach der Ermordung des Königs wütheten Bürgerkrieg und Hungersnoth im Lande, bis Panammu, der Sohn des ermordeten Fürsten, mit Hilfe des assyrischen Königs die Herrschaft seiner Dynastie wieder herstellte, aber in Folge dessen in Abhängigkeit vom König von Asur gerieth, dem er Heeresfolge leistete. Er starb (oder fiel) vor Damaskus. Mit grossem Prunke wurde seine Leiche nach der heimischen Residenz geführt, daselbst bestattet und sein Sohn Rekübel, der Stifter der Inschrift, als Nachfolger vom assyrischen König Tiglatpileser eingesetzt. Der Stifter der Inschrift war also ein Zeitgenosse Tiglatpileser's. Da die assyrischen Denkmäler drei Könige dieses Namens kennen, so galt es zu bestimmen, welcher Tiglatpileser gemeint sei. SACHAU löste diese Aufgabe glücklich, indem er zu Anfang der Bauinschrift las:

,Ich bin Bar-Rakûb, Sohn des Panammu,
König von Śam'al, Knecht des Tiglatpileser,
des Herrn der Viertel der Erde'

und damit die Geschichte des Reiches Śam'al nach den Keilinschriften verglich, wo das Reich Śam'al durch mehr als zwei Jahrhunderte verfolgt werden kann. Besonders interessant ist der Nachweis, dass ein Fürst von Śam'al auf einem Denkmal Tiglatpileser's III. den Namen Panammu führt. Die Identität der Personen war hiedurch gegen jeden Zweifel sichergestellt und der Beweis erbracht, dass dieses **Denkmal der zweiten Hälfte des VIII. Jahrhunderts, dem Zeitalter Jesaias angehört.**

Um meine Abweichungen von der SACHAU'schen Uebersetzung zu begründen, lasse ich nachstehenden Commentar folgen, der auch in philologischer Hinsicht einige Nachträge zu SACHAU's Commentar liefert.

Z. 1. נצב ‚Statue' kommt ausser im Hebräischen und Phönikischen auch im Sabäischen (*ZDMG.* XXX, 116, MORDTMANN und MÜLLER, *Sabäische Denkm.* S. 95 und DERENBOURG, *Étud. sab.* 6. 7) vor, gehört also der semitischen Urzeit an.

Auch שם ‚machen, stellen, setzen' (von Denkmälern) findet sich im Sabäischen שמתי ׀ ןהן ‚sie beide setzten diese Statue' (Os. 35, 4) und שמו ׀ לאלמקה ‚sie weihten dem Almaqah' (Prid. 16, 2 und SIEGFR. LANGER, *Reiseberichte* S. 64).

Auf die Möglichkeit der Lesung נבסלם hat bereits SACHAU hingewiesen. Wenn die Lesung und meine Auffassung richtig sind, hätten wir hier eine Niphalform, die sonst im Aramäischen nicht vorkommt, in diesen alten Stücken aber wohl zulässig erscheint. Vielleicht darf man eine Niphalform auch in ובכדי נתיה II 11 erkennen.

Z. 2. אלה יאר halte ich mit SACHAU ebenfalls für einen Plural, erkläre mir aber die Inconsequenz in der Schreibung und den Ausfall des *j* durch das folgende יאר, welches mit *j* beginnt. Dagegen muss ich gegenüber Sachau hervorheben, dass in Z. 23 אלה einfacher Plural ist und nicht gleich אלהי ‚meine Götter‘ ist. In gleicher Weise ist אלהי H 4 und 12 zu beurtheilen.

Ebenso fasse ich die folgende Phrase אלה הות nicht als אֵלָה הַוָּה ‚die Götter von Haut‘, sondern als אָלָה הֲוָת. Im Hebr. heisst אָלָה ‚Schwur, Eid‘. hier bedeutet das Wort ‚Verschwörung‘ und הות ist 3. p. f. von הוא, wie im Biblisch-Aramäischen הֲוָת und הֲוָת. Die Ergänzung der zerstörten Stelle ergiebt sich dem Sinne nach von selbst.

Z. 3. אבה ברצר. Dazu bemerkt Sachau: ‚Man kann die Stelle übersetzen: Et trucidavit pater eius τὸν Bar-Ṣûr oder patrem suum τὸν Bar-Ṣûr. Nach der letzten Erklärung wäre der Grossvater Bar-Rekûb's von seinem eigenen Sohne (einem Bruder des Panammu) erschlagen worden.‘ Ich halte es nicht nur für möglich, sondern für sehr wahrscheinlich zu übersetzen: Et trucidavit patrem eius (scil. τοῦ Panammu) τὸν Bar-Ṣûr. Nach dieser Uebersetzung muss natürlich der Empörer und Mörder nicht der Sohn des Bar-Ṣûr gewesen sein.

שבעי אחי אבה[1] ‚siebzig Verwandte seines Vaters‘. Sehr merkwürdig ist die Form שבעי für שבעין oder שבען. Daneben finden sich in einem Citate bei Sachau שלשן ‚dreissig‘. Die Construction שבעי mit dem darauffolgenden Substantiv, welches die gezählten Dinge bezeichnet, erinnert an die ähnliche Construction im Sabäischen. Die Cardinalia der Zehner im Sabäischen werfen nämlich, da sie vorwiegend im Status construct. stehen, das Nûn ab, daher ארבעי רצים׀אקרדם׀ארבעי׀סוחט׀סרתי: עשרנהן׀אמה etc. Daneben determinirt עשרי׀וארבעתהי׀שבע׀אדמם׀ומאת׀בעשרי אצלמן ‚diese 20 Statuen‘.[2] Auch das Nordarabische erlaubt die Abwerfung des Nun beim Worte عشرون, wo عشرو und مشري in der classischen Sprache vorkommen. Mit diesen Versuchen, die Cardinalia der Zehner mit dem Gezählten zu einer Wortverbindung zu vereinigen, hängt wohl der Abfall des n im Assyrischen und Aethiopischen zusammen, wo also immer eśrâ, šalâšâ, ḫamšâ etc., äth. salâsâ, ḫamsâ etc. gesagt wird.

---

[1] So ist wohl für אוחי zu lesen. Der Abklatsch spricht nicht dagegen.
[2] Vgl. ZDMG. xxx, 780.

Z. 4—5. In der Auffassung des Wortes מת schliesse ich mich der von Sachau in den Noten geäusserten Vermuthung an, dass es gleich sei syr. ܡܬܐ hebr. מתים ‚Mannschaft'. Die Zusammenstellung mit מַה scheint mir hier wenig wahrscheinlich.

Den Zusammenhang zwischen Z. 4 und 5 hat Sachau nicht ermittelt. Ich ergänze mit Bestimmtheit am Ende der Zeile חשמת[ו] und übersetze:

‚Und ihr habet verübt Krieg gegen mein Haus und habet getödtet einen meiner Söhne . . . . . . Krieg in das Land Ja'di.'

Es ist nun die Frage, wer spricht hier in erster Person und zu wem spricht er. Ich glaube nicht fehl zu gehen, wenn ich die zerstörte Stelle dem Erfordernisse des Sinnes entsprechend ergänze: [Da sprach der Gott Hadad: Da ihr] Krieg verübt habet gegen mein Haus und getödtet habet einen meiner Söhne (den König Bar-Ṣûr), so habe ich auch gebracht Krieg in das Land Ja'di.' Der Parallelismus membrorum חרב בביתי . . . . חרב בארקי, der auch schon Sachau aufgefallen ist, entspricht sehr wohl dem Style eines göttlichen Orakelspruches. Auch das Imperfectum im Vordersatze und das Perfectum im Nachsatze deutet auf den prophetischen Charakter dieses Ausspruches![1]

Unter dem Ausdrucke חד בני ‚einen meiner Söhne' ist der König Bar-Ṣûr zu verstehen. Die Könige werden als die Söhne der Götter angesehen; sagt ja auch der Psalmist: ‚Jehova sprach zu mir: Du bist mein Sohn, heute habe ich dich gezeugt.'

וגם womit Sachau גם נפש (Jes. 19, 6) vergleicht, halte ich für eine Verstärkung von גם, vielleicht sogar für eine Contraction von ואף גם oder ואנה גם.

היית scheint ein Pael von היה in der Bedeutung ‚werden lassen, machen' (vgl. صار und صَيَّر). Am Ende der Zeile ist wohl ואבדת ‚und es ging zu Grunde' zu lesen.

Z. 6. Zu beachten חמה ושעיה neben dem Plural חמי und שעיי in der Hadad-Stele Z. 5 u. 6 ganz wie im Hebräischen. Die Worte סטרב פרם,

---

[1] Vgl. im Hebräischen z. B. Deut. 7, 12 und 8, 20.

und אגורה halte ich für Masseinheiten und שקל für die bekannte Münzsorte. Zu פרס ist die Wurzel פרס ‚abbrechen' und talm. פרס ‚Hälfte' zu vergleichen, das freilich nicht ganz sicher zu sein scheint. Für die Bestimmung des Sinnes dieser Stelle schwebt mir die bekannte Prophezeiung Elisas vor 2 Reg. 7, 1: כעת מחר סאה סלת בשקל וסאתים שערים בשקל בשער שמרון ‚Um dieselbe Zeit morgen wird ein Mass feinstes Mehl um ein Schekel und zwei Mass Gerste um ein Schekel an dem Thore Samarias feil sein'. Dass hier dieser Sinn zu suchen sei, beweisen Z. 9—10, wo vom Sinken der Preise gesprochen wird.

משת ist gleich hebr. מִשְׁתֶּה, aram. מִשְׁתֵּי, sab. משת und bedeutet irgend ein bestimmtes in jener Gegend übliches berauschendes Getränk. Auffällig ist freilich das Fehlen des *j* am Ende, das man nach Analogie von מבכי (Z. 18) erwarten musste. Vergleicht man jedoch אכל ושתא (Had. 9) und daneben שת ‚machen' (vgl. weiter unten), so wird man das Fehlen des *j* erklärlich finden.

Wie aus der Inschrift hervorgeht, begab sich Panammu, der Sohn des ermordeten Königs, zu Tiglatpileser und erwirkte sich die Unterstützung des Assyrerkönigs. Dass er nicht mit leeren Händen gegangen, dürfen wir nach Allem, was wir aus der Bibel und den Keilschriften von ähnlichen Fällen wissen und nach der Lage der Dinge erwarten müssen, mit Bestimmtheit voraussetzen. Dies bestätigt uns die Inschrift durch die Worte יבל אבי ‚und es führte mein Vater'. Das gewöhnliche Wort für das Führen von Geschenken ist im Hebräischen הוביל (Hiphil von יבל). Auch in den aramäischen Dialecten ist das Aphel gebräuchlich, während das Qal nicht vorkommt. Dagegen hat das Syrische das Pael neben dem Aphel in gleicher Bedeutung (ܝܰܒܶܠ). Wir dürfen also auch hier eine Paelform יַבֵּל erkennen. Dasselbe Verbum findet sich auch Z. 14 in ähnlicher Bedeutung, wogegen mir der Sinn von Z. 21, wo es ebenfalls vorkommt, vorderhand dunkel bleibt.

הרג אבן שחת übersetze ich ‚und er vernichtete den Stein des Verderbens (des Anstosses) aus dem Hause seines Vaters'. Dass der Verschwörer ‚Stein des Anstosses' genannt ward, erinnert an Jesaias 8, 12: הזה למקדש und daselbst Z. 14: לא תאמרון קשר לכל אשר יאמר העם הזה קשר (למקש LAGARDE) ולאבן נגף ולצור מכשול וכר' Ihr sollt nicht sagen Verschwörung zu all dem, was dieses Volk Verschwörung sagt' und dann ‚und (diese Verschwörung) wird sein ein Anstoss und ein Stein des Verderbens und ein Fels des Strauchelns'.

Z. 8. ושש מסגרת übersetze ich ‚er untersuchte die Gefängnisse' und vergleiche damit späthebräisch und aram. מסכב.

Zu dem Worte קתילח bemerkt SACHAU: ‚Will man קתילח (vgl. قتل) als die ‚Getödteten' erklären, so kann man als Analogie für die Verwechslung von ס und ת diejenige von ק und כ anführen, die in B 19 in der Schreibung ביצא statt קיצא vorliegt: מרא בית סתוא להם והא בית כיצא ‚so ist es (فهو) ein Haus des Winters für sie und ein Haus des Sommers'. Nach meiner Ansicht ist das ת in قتل ursprünglich und nur durch den Einfluss des emphatischen ק in den nordsemitischen Sprachen zu ס geworden. Das Gleiche scheint auch in קיץ قيظ der Fall zu sein, wo in Folge des צ beziehungsweise des ظ das כ in ק verwandelt worden ist. (Vgl. *Epigraphische Denkmäler aus Arabien*, S. 68.)

Z. 9. ואז אכלת übersetzt SACHAU ‚und damals Lebensmittel', was sehr wohl möglich ist. Das wahrscheinlich darauffolgende רחת ist in Verbindung zu bringen mit רוח (Had. 4) und רחי (Had. 9). Ich halte es aber ebenfalls für möglich zu lesen אכלת ז אז = אכלת ז ואז ‚und welche Art von Nahrungsmitteln immer'. Zur Schreibung vgl. ספ für ספה זה ‍ (Had. 3, 4) und פלכתשה für פלו כ׳ (Had. 31).

Z. 10. ולח מכרן. SACHAU war nahe daran das Richtige zu erkennen, indem er zu מכרי hebr. מֶכֶר ‚Kaufpreis' und zu ולח talm. זול דמא ‚Niedrigkeit des Preises' vergleichen möchte, fügt aber hinzu: ‚Dabei bleibt aber die Endung von מכרו unerklärt.' Es ist aber zweifellos, dass hier ein Status absolutus der Form מכרחתא vorliegt. Es kommen noch mehrere solche Formen vor, die bis jetzt nicht erkannt worden sind. Sie sind nicht nur für das Verständniss der Inschrift wichtig, sondern bilden ein Hauptkennzeichen des aramäischen Charakters der Sprache dieser Inschriften.

כפר׳ abgekürzte Form des Plural für כפירן (hebr. כְּפִירִים als Ortsname Neh. 6, 2).

Z. 11. SACHAU fasst אמר als Imperativ und sagt desswegen: ‚Oratio directa. Das politische Testament Panammu's an seinen Sohn Bar-

Reküb? Vorher fehlt etwas wie ויאמר אבי.' Dies halte ich für unwahrscheinlich schon aus dem Grunde, weil im Folgenden wieder die Rede ist von dem Vater des Königs und seiner Stellung im Heere des Königs Tiglatpileser u. z. durchwegs in der dritten Person. Vielmehr ist אחז Perf. und zu ergänzen ist etwa ובכנף מלך . . לא אחז אבי ,nicht schloss sich an mein Vater der Partei des Königs von . . . (des Feindes von Tiglatpileser) selbst wenn er ein Mann von Silber und ein Mann von Gold war', d. h. wenn er ihn auch durch Schätze zu erkaufen suchte. (Vgl. Num. 40, 18.)

מראה hier und Z. 12, 13, 15, 16, 17 (bis) hält SACHAU für einen Stat. emph. und sagt: ‚Mit einer gewissen steifen Förmlichkeit wird das Wort im Titel des Assyrerkönigs wiederholt: Dominus rex Assyriae.' Aber einerseits der Umstand, dass in den wenigen Fällen wo der Stat. emph. sicher ist, z. B. in ארקא (B 4), שתיא (B 18), כיצא (B 19), ביתא (B 20) und מלביא (B 14, 15) stets ein א und nicht ein ה als Zeichen des Emphaticus verwendet wird, andererseits das Vorkommen von מראי, wo es auf die erste Person sich bezieht, machen es zur Gewissheit, dass das ה Suffix der 3. p. sing. ist. Ich übersetze es daher ‚sein Herr'.

Z. 12. Die Worte פחי ואחי יאדי machen dem Herausgeber grosse Schwierigkeiten und die von ihm versuchten Lösungen befriedigen ihn selbst nicht. Meines Erachtens ist der Sinn der Stelle etwa: In Folge der besonderen Treue meines Vaters [unterordnete ihm der König] von Asur die Statthalter und Nebenkönige von Ja'di und wies ihm eine höhere Stelle an als den Königen von Kebar. Die besondere Auszeichnung bildet einen Gegensatz zu dem oben (Z. 10) Erwähnten, dass er dem Panammu einen Platz einräumte in der Mitte der Könige von Kebar. (במצעת מלכי כבר). Die Stelle erinnert an II Könige 25, 28: ויתן את כסאו מעל כסא המלכים אשר אתו בבבל. Es bleibt nun übrig die schwierige Gruppe פחי ואחי יאדי zu erklären, die ich ‚die Statthalter und Nebenkönige von Ja'di' übersetzte. Zunächst muss ich betonen, dass der Verstoss gegen das syntaktische Gesetz der semitischen Sprachen, dass zwei Begriffe im Stat. constr. nicht durch einen dritten bestimmt werden können, durchaus nicht unerhört ist. Das Sabäische hat bekanntlich dieses Gesetz einfach beseitigt (vgl. *ZDMG*. xxx, 117 ff.), im Hebräischen finden sich wenigstens bei eng zusammengehörigen Begriffen sehr lehrreiche Ausnahmen, so מבחר ושב לבנך (Ez. 31, 16) und לישן וסער בשרים (Dan. 1, 4). Zu dieser Gattung gehört also auch unsere Phrase שח אחי יאר. Mit שח hat schon SACHAU hebr. פֵּחָה und assyr. *piḫatu* verglichen, was aber אחי betrifft, so werden damit die Nebenkönige von Ja'di bezeichnet. Dass es solche gegeben, erfahren wir aus der Bauinschrift, wo es nach SACHAU's Uebersetzung heisst: ‚Und es haben beigetragen (?) meine Brüder die Könige zu Allem, was schmückte mein Haus.' Und SACHAU selbst bemerkt hierzu: ‚Obwohl mancherlei in dieser Uebersetzung unsicher ist, so kann man doch mit Sicherheit aus der Inschrift entnehmen, dass Šam'al nicht blos einen König, sondern mehrere Könige hatte und dass Bar-Rekûb sie seine Brüder nennt, dass also eine Anzahl kleiner Fürsten, wahrscheinlich demselben Geschlechte angehörig und miteinander in gutem Einvernehmen lebend, die Herrschaft über die Länder im Norden des Sees von Antiochien und südlich von Mar'aš unter sich theilten.'

Das darauffolgende Verb ויחנא möchte ich von der Wurzel חנן ‚lieben, Gnade erweisen' ableiten, wobei freilich das א schwer zu erklären ist. Leitet man mit SACHAU von הנה ab, so kann man es lieber übersetzen: ‚Und er wies ihm einen Sitz an, höher als den Königen von Kebar.'

Z. 13 vermuthe ich, dass ... מתעת etwa bedeuten muss ‚auf seinen Zügen', die Annahme einer Form מתעה im Stat. abs. scheint mir unsicher und überflüssig.

Z. 14. Ueber den Sinn dieser Zeile, den SACHAU wegen des dunklen בל־ nicht gefunden hat, scheint mir kein Zweifel obzuwalten. Nach der von den Assyrern befolgten Politik wurden die unterjochten und besiegten Völkerschaften in andere Gegenden versetzt. Dies sagt uns deutlich diese Zeile. Unter בנת sind entweder thatsächlich Völkerstämme zu verstehen oder ‚Töchter', da die männlichen waffenfähigen Gefangenen meistens niedergemetzelt zu werden pflegten.

Z. 16. Wenn die Lesung בלנרי richtig ist, so darf man vielleicht hierin eine Transposition aus ברגלי erkennen, wie ja im Mandäischen stets לגרא für רגלא ‚Fuss' gesagt wird.

Z. 17. ובכיה איחה מלכו, ‚und es beweinte ihn sein Aiḫ (nämlich) des Reiches'. אח bedeutet, wie aus Z. 3 hervorgeht, ein Mitglied der königlichen Dynastie, einen königlichen Prinzen. Wenn nun daneben מלכו (Stat. absol. von מלכותא) steht, so kann es nur heissen ‚der Prinz des Reiches'. Auffällig bleibt die Construction. Man müsste erwarten entweder איח מלכו, oder איחה זי מלכו, es bleibt daher nichts übrig als einen Schreibfehler oder eine Vermengung beider Constructionen anzunehmen.

Z. 18. Dass נבש gleich נפש sei, scheint SACHAU vermuthet und hat HALÉVY deutlich ausgesprochen. Die deutlichen Worte הקם לה מבכי בארח, die SACHAU nicht übersetzt hat, heissen unzweifelhaft: ‚Und er (der König von Asûr) errichtete ihm eine Trauerfeier auf dem Wege' von Damaskus nach seiner heimatlichen Residenz. Wie eine solche Trauerfeier ausgesehen hat, erzählt uns die heilige Schrift (Gen. 50, 7—10): ‚Und es zog hinauf Josef seinen Vater zu bestatten, und es zogen mit ihm hinauf alle Diener Pharao's, die Aeltesten seines Hauses und die Aeltesten des Landes Aegypten. (8) Und das ganze Haus Josef's und seine Brüder und die Söhne seines Vaters . . . . . (9) Und es zogen mit ihm hinauf sowohl Wagen als Reiter und es war der Zug sehr zahlreich. (10) Und sie kamen nach dem Orte Goren-ha-Aṭad (Stechdorntenne) und hielten daselbst eine grosse und schwere Trauerfeier'. Das Wort, welches in der Bibel für Trauerfeier gebraucht wird, מספד, hat eine ganz ähnliche Bildung, wie das in unserer Inschrift angewandte Wort מבכי. Dabei lasse ich es dahin gestellt, ob מבכי eine Form مفعل oder aber Stat. absolutus der Form מבכיתא sei, was ich fast für wahrscheinlicher halte.

Z. 20 würde ich lieber וזבר לאבוי ergänzen.

Z. 22. חכר זנה הא heisst ‚und ein Denkmal dessen ist es'.

Z. 23. קדם אלהי וקדם אנש. Vergleicht man אלהים ואנשים (Richter 9, 9, 13) und אלהן ואנש in der Inschrift von Teimâ, Zeile 20, so kann hier nur übersetzt werden: ‚vor Göttern und vor Menschen'. Die Ausdrucksweise ‚vor meinen Göttern und vor Menschen' würde in jeder Sprache fremdartig klingen. Wir haben also hier in אלהי einen Plural absol. mit abgeworfenem n zu erkennen.

Die Inschrift auf der Hadad-Statue.

In noch ältere Zeit aber weist uns die auf dem Hügel von Gerdschin, eine halbe Stunde von Sendschirli entfernt, gefundene Inschrift in altsemitischen Charakteren. Schon während der ersten Expedition im Jahre 1888 erzählten die Einwohner von einem „grossen steinernen Kameel", welches im Schilfe bei Gerdschin daliege. Ein Versuch, an die Stelle zu gelangen, ist jedoch in dem äusserst regenreichen Winter jenes Jahres vollständig missglückt. Allerdings fanden v. Luschan und sein Begleiter auf der Anhöhe von Gerdschin einen walzenförmigen Stein, den sie aber weiter nicht beachteten. Erst zu Beginn der zweiten Campagne wurde vor der Regenzeit der Versuch wiederholt, das grosse „steinerne Kameel" zu besichtigen. Thatsächlich fand man im Schilfe ein grosses Stück einer menschlichen Colossalstatue, und eine Untersuchung des walzenförmigen Steines auf der Anhöhe liess bald erkennen, dass die beiden Fragmente zusammengehören. Bei genauer Besichtigung des Bruchstückes auf dem Hügel zeigte sich auf einer grossen Fläche eine sehr alte semitische Inschrift. Die beiden Bruchstücke der Statue, von denen das grössere 90 Centner schwer ist, wurden in zwei aufeinanderfolgenden Tagen auf Schlitten, von 80, beziehungsweise 100 Arbeitern gezogen, von Gerdschin nach Sendschirli gebracht. Sie bilden zusammen, wie die Entzifferung der Inschrift ergab, die Statue des Gottes Hadad, welche von Panammu, Sohn des Karrûl, König von Ja'di, errichtet worden ist. Die Statue, aus sehr feinkörnigem Dolerit, hat jetzt noch eine Höhe von 2·85 Metern und dürfte ursprünglich 4 Meter hoch gewesen sein. Sie stellt einen stehenden bärtigen Mann dar, der durch seine mit Stierhörnern geschmückte Kopfbedeckung als Gott bezeichnet ist. Fast unmittelbar unter dem Gurte beginnt das Inschriftenfeld und nimmt die ganze Vorderfläche des Bildwerkes in einer Höhe von 1·40 Metern und einer von oben nach unten zunehmenden Breite von 0·90 Metern bis 1·30 Meter ein. Die Inschrift besteht aus 34 Zeilen einer zierlichen, reliefartig gemeisselten Schrift und steht, was die Alterthümlichkeit der Formen betrifft, dem Mesa-Denkmale (850) am nächsten.

Inschrift auf der Statue des Hadad.

1 ‏אנך · פנמו · בר · קרל · מלך · יאדי · זי הקמת · נצב · זן · להדר · בעלמי ·‏
2 ‏אתהו · הדד · ואל ···· זרשף · ורכבאל · ושמש · ונתן · בידי · הדד · ואל ·‏
3 ‏ושמש · ורשף · חסר חלבבה · וקם · עמי · רשף · פמי · אחז ·‏
4 ‏מ · סלה ···· וסו אשאל ······ מאלהי · יתנו · לי · ושבע · רוו ·‏
5 ‏·········· לוארק · שערי · האל‏
6 ‏········ ארק · חטי · וארק · שעי ·‏
7 ‏······ או · בקרת · מי ··· ד··· · יעבדו · ארק · וברם ·‏
8 ‏···· ס · פנמו · נם · ישבת · על · מטב אבי · ונתן הדד · בידי ·‏
9 ‏א ······ תחרב · ולסן · מן · בית · אבי · וביטי · נם · אבל · ושתא אלוי ·‏
10 ‏רם ····· קי · לנצב · יאת · ולנצב · זררי · ולבני · כאיוי חלים · ש·ס · יקח‏
11 ‏···ב ·· · אל · ורכבאל · ושמש · וארק · רשף · וכבדו · נתנה · לי · ואמם כרת‏
12 ‏···ת · ב ··· · לאלהי · ומת · יקחו · מן · ידי · ו · הא · שאל · מן אלהיו · מתיהו ·‏
13 ‏קרל · אלהי · מת · פלא · נתן · הדד · מת · למנת · יקרני · לבנא · ובה · לבכתי‏
14 ‏··· · בסא · סבני · תכת · ידי · קנת · נצב · השב · זן · אפקם · פנמו · בר · קרל · מלך ·‏
15 ‏· פנמו · בני · אחו ····· לויסב · על · מטבי · ויזער · אברו · ויזבח ·‏
16 ‏· יי · מטי · ויובח ······· מרבאי · זבח · הדד · ויזכה · אשם · הדד · או ·‏
17 ‏א · נבט · פנמו · עמך · תש ····· בש · פנמו · עמך · ה · היוכר · נבט · פנמו · עם‏
18 ‏· זבח ··· וא · תפם ······· רקי · בה · שאל · הדר · ולאל ·· · ורכבאל ·· · ושמש ·‏
19 ‏······ י · ק · וא · י ······ ה · והושבת · ב ····· הי · א · רהבבת · ב · חמאת ·‏
20 ‏··· · ערע · חרא ·············· ידרך ····· ובני · יאחו · חסר · ויסב · על · מטב · המלך ·‏
21 ‏········ ד ···· אכרו · וי · ב ··· ·······ה ····· · ר ······ אשם · פנמו · פאמרת · נלך · בש·· ם ·‏
22 ‏נבש · פנמו · עם · — · הא ······· חהן · וזבחה · ואל · ירקי · בה · וסו ·‏
23 ‏הדר · והדר · חרא ליתכה ··············· אל · יתן · להלאכל · בבורו ·‏
24 ‏·· · יה ······· כללא · ורוה · מתן · להני · יב‏
25 ‏ויטב · על · מטבי · וימסלוך] ······ יה · ידה · בחרב · ב ···· אי · או ·‏
26 ‏ל · יהרג · או · ברגז · או · על · א · וא · - · הומו · מת · או · על · קסתה · או · על · אמרתה ·‏
27 ‏······· חה · ירטי · שחת · ראשי · חלוי · חיה · או · באשר · חזמובחיה · או · באשר ·‏
28 ‏····· ירטי · שחת · ינסר · פא··ד · רה · זנרי · ויקם · ותה · במצעה · מתנשה ·‏
29 ‏הני ···· מא·יריה · לאלה · לאבה · מטה · יאמר · הוי · אנש · מת · אמרת · אל · בפם ·‏
30 ‏או · עלח · או ·········· ני · בפם · אנטי · צרי · נהנו · ומר · הא · לחפן · בד · איחה ·‏
31 ‏בני · והנו · ר ······· ודן · איותה · םלבתנטנה · בעבני · והנר · לו · שחת ·‏
32 ‏··· · בא·דת ······· על · קסתה · או · על · נברתה · או · על · אמרתה ·‏
33 ‏א · ישרה · ד ··· · ר · רה ··········· רש ··· או · תהרנה · בחם ·· · בחמא · אי ·‏
34 ‏····················· אש · ור · יהרנה ··· · י · ואם‏

Von dieser leider sehr zerstörten Inschrift liegt in der Berliner Publication ein Facsimile von der Meisterhand Julius Euting's vor. Man kennt das scharfe Auge und die sichere Hand dieses Gelehrten und weiss, welches Vertrauen beide verdienen. Der Publication ist auch eine Umschrift in hebräischen Lettern beigegeben, die aber vielfach vom Facsimile abweicht. Durch diese Abweichungen drückte Euting stillschweigend Zweifel aus über die Lesungen des Facsimile. Durch das Facsimile und die Umschrift ist ein wesentlicher Schritt zur Entzifferung gemacht. Freilich bleibt noch viel zu thun übrig; denn abgesehen von einigen sicheren Stellen, die jeder Fachmann verstehen muss, fordert die Inschrift durch viele dunkle Wörter, eigenthümliche Formen und Wendungen, die noch durch Lücken räthselhafter gemacht werden, den ganzen Scharfsinn und eine reiche constructive Phantasie der Epigraphiker heraus. Ich glaube, durch folgenden Uebersetzungsversuch Einiges zur Aufhellung dieser Räthsel beizutragen. Der Text folgt hier auf nebenstehender Tafel nach der von Euting gegebenen Umschrift.

Uebersetzung:

1. Ich bin Panammu, Sohn des Ḳarrûl, König von Ja'di, der errichtet hat diese Statue dem Hadad, dem Herrn des Wassers(?).

2. Es standen mir bei [und halfen] Hadad und El und Reschef und Rakûbel und Schemesch und es gab in meine Hand Hadad und El

3. und Rakûbel und Schemesch und Reschef das Scepter von Ḥilbâbah. Und es stand mir bei Reschef, und was immer ich anfasse

4. mit meiner Hand, [glückt mir] und was immer [für Gabe] ich erflehe von den Göttern, gewähren sie mir und Frieden der Sättigung

5. . . . . ein Land von Gerste . . .

6. . . . . ein Land von Weizen und ein Land von Knoblauch

7. und ein Land . . . . sie bebauen den Acker und den Weingarten.

8. Dort sit[zen ..... und bebauen den Acker und den Wein]-garten des Panammu. Auch bestieg ich den Thron meines Vaters und es gab Hadad in meine Hand

9. das Scepter von Ḫilbabah [und hielt] fern Krieg und Verleumdung von dem Hause meines Vaters. Und in meinen Tagen waren Nahrungsmittel und Getränke [reichlich].

10. Und in meinen Tagen wurde eingesetzt Rp... ḳi zum Präfecten von ... mt und zum Präfecten der Zarari und für die Benî Kefîrî (wurde eingesetzt) Ḥaliam ....

11. .... Hadad und El und Rakûbel und Schemesch und Arḳ-Reschef. Und Ehre verliehen sie mir und (einen Bund der) Treue schlossen sie

12. mit mir [und Opfer brachte ich] den Göttern und מה nehmen sie aus meiner Hand. Und was bitte ich von den Göttern? מה mögen sie mir geben

13. und Macht. Und [es hatte gebeten] Ḳarrûl zu den Göttern um männliche Nachkommen aber nicht gewährte Hadad männliche Nachkommen dem [Ḳarrûl]. Da nahm er mich zum Sohne (d. h. adoptirte mich) indem [er sagte]: Durch ihn vielleicht durch meine Tochter

14. gewährt er (Hadad) männliche Nachkommen ... und wenn du bauen wirst die Stadt und errichten die Statue des Hadad, so wird er einsetzen den Panammu, Sohn des Ḳarrûl zum König von

15. Ja'di .... Da wird Panammu mein Sohn erfassen das Scepter und meinen Thron besteigen und befestigen die Macht und opfern

16. dem Hadad .... und er wird opfern ...... ein Opfer dem Hadad und gedenken der Schuld vor Hadad oder

17. .... die Seele des Panammu mit dir und du wirst thun (verknüpfen) die Seele des Panammu mit dir ... er wird gedenken die Seele des Panammu mit

18. .... ein Opfer ... fehlerlos, [an dem] er Wohlgefallen finden wird. Er wird bitten Hadad und El und Rakûbel und Schemesch

19. [und Reschef und sie] geben . . . . und du wirst einsetzen . . . . durch meine Tochter Ḥan'at (?)

20. . . . . gaben sie mir Nachkommen . . . [die hervorgegangen aus meinen] Lenden . . . [Wenn aber] mein Sohn fassen wird das Scepter und besteigen wird den Thron [des Königs]

21. . . . . ˙. und wird festigen die Macht und opfern [ein Opfer und geden]ken der Schuld des Panammu und du wirst sagen wir wollen [widerspänstig sein]¹

22. gegen Hadad, so mögest du (Hadad) verknüpfen die Seele des Panammu mit . . . [den bösen Geistern, wie ihr Op]fer, sei sein Opfer und nicht möge er (Hadad) daran Wohlgefallen finden und was immer

23. er bitten wird möge Hadad ihm nicht gewähren. Und Hadad . . . . nicht möge er ihm geben zu essen . . . . .

24. . . . . . ihm vorzuenthalten fettes und mageres . . . . . . [Ein späterer Herrscher, der schützen wird dies Denkmal . . . ., der]

25. soll fassen das Scepter in Ja'di und meinen Thron besteigen und herrschen . . . . . [Wenn er aber . . . .] seine Hand am Schwerte . . . . . oder

26. . . . . ein Krieger wird tödten (zerstören) oder in Zorn oder auf . . . . oder durch seinen Bogen, oder auf seines Befehl hin

27. [oder durch seine Macht . . .] wird er befehlen (das Denkmal) zu zerstören an dem Orte der Höhle eines wilden Thieres oder an einem Orte, wo man wilde Thiere zähmt oder an einem Orte

28. seiner Höhle . . . . befehlen wird zu verderben, beschliessen wird [zu vernichten] mein Denkmal und es stellen in die Mitte um es in Vergessenheit zu bringen (?)

29. [Wenn] sagen wird euer Bruder ‚zerstöre es zünde an' [. . . das Denkmal], das er gestiftet hat dem Gotte seines Vaters. Wer da sagt: ‚er ist ein gestorbener Mann', so sage [ihm]: nicht mit frevelhaftem

---

¹ Mir schwebt bei dieser Phrase die Stelle: אם תלכו עמי קרי ‚und wenn ihr mir entgegenhandeln werdet" (Levit. 26, 21) vor.

30. Munde sprich ..... oder ..... mit dem Munde von [feindlichen] Menschen ..... Wenn .....

31. Das Denkmal. Oder wenn er es mit Steinen zerschlägt und anzündet .... oder wenn er die Buchstaben [auskratzt] oder wenn er seinen Namen mit Ziegelsteinen bedeckt und es anzündet, oder wenn er es zerstört

32. an seiner Stelle und du verhüllst dein Auge mit deinem Mantel (?) .... durch seinen Bogen oder durch seine Macht und auf seinen Befehl hin,

33. oder auf seine Aufreizung hin .... oder wenn du es zerstörst in Zorn, oder

34. darauf schreibst oder anstiftest einen fremden Mann es zu zerstören ......

Die Inschrift zerfällt augenscheinlich in drei Theile. Der erste Abschnitt (Zeile 1 bis 13) erzählt von der Errichtung des Denkmals und der Verleihung der Herrschaft über das Land Ja'di an Panammu durch die Götter. Unter den fünf Gottheiten steht Hadad, dem das Denkmal errichtet ist, an der Spitze. Der König rühmt sich des Segens und der Fülle, deren er sich und sein Volk zu erfreuen hatten. In dem zweiten Abschnitte (Z. 13 bis 25) spricht nicht König Panammu, sondern dessen Vater Karrûl, der seinem Sohne Panammu vor seinem Tode den letzten Willen kundgiebt und ihm verschiedene Wünsche ans Herz legt, darunter wohl ganz besonders die Verehrung des Gottes Hadad und die Errichtung der Statue, die er zu errichten gelobt hatte und nicht mehr ausführen konnte. Den Uebergang bilden die dunklen Zeilen 13 bis 15, und die ganze Scene erinnert lebhaft an die letztwillige Kundgebung David's, welche im zweiten Buche der Könige, Capitel 1 bis 2, geschildert wird. Der dritte Abschnitt (Zeile 25 bis 34) enthält die in den semitischen, besonders aber in den keilschriftlichen Denkmälern übliche Fluchformel gegen Jeden, der die Inschrift zerstört, von der Stelle wegschleppt, den wilden Thieren zum Zertreten hinlegt, mit Steinen zerschlägt, den Namen des Stifters auskratzt und seinen eigenen eingräbt. Es darf nicht unerwähnt bleiben, dass die ersten Worte unserer Inschrift, wie schon v. LUSCHAN bemerkt hat, auf einer Rasur stehen. Sollte hier eine frevelhafte Hand im Spiele gewesen sein?

Der ganze Tenor der Inschrift wie einzelne Phrasen weisen auf assyrische Vorlagen hin, und es scheint mir kein Zweifel zu sein, dass der Verfasser dieser Inschrift assyrische Denkmäler gelesen und verstanden hat.

Schon SACHAU hat darauf hingewiesen, dass der Stifter dieser Inschrift, Panammu, Sohn des Karrûl, auf dem Denkmal des Rakûbel, Sohnes des Panammu, erwähnt wird. Dieser Umstand, sowie die älteren Buchstabenformen berechtigen, die Abfassung der Inschrift auf der Hadad-Statue in den Anfang des neunten Jahrhunderts zu setzen.

Z. 1. Gleich zu Anfang treten zwei Eigennamen auf, die kaum semitische Etymologien zu haben scheinen, so fremdartig klingen die beiden Namen *Panammu* und *Karal* (nach der Aussprache SACHAU's). Bei genauerer Prüfung streifen sie aber ihr fremdartiges Gewand ab und erweisen sich, so weit überhaupt etymologische Forschung massgebend ist, als echte semitische Formen.

Bei Panammu hat schon SACHAU an die Möglichkeit erinnert, dass hier ein Wechsel in den Liquidis vorliegen könnte und in der That glaube ich, dass *Panammu* von der Wurzel פלם abzuleiten sei und dass hier *l* vor *m* zu *n* verwandelt wurde. Ein solcher Wechsel lässt sich auf dem Gebiete Syriens auch sonst nachweisen. So heisst in Palästina ein Ort שעלם, der heute *Sulâm* genannt wird. Die berühmte שונמית wird auch שולמית geschrieben. Einen ähnlichen Uebergang von *l* in *n* vor *m* bietet das Nord-Arabische in صَنَم für צלם der übrigen semitischen Sprachen (auch des Sabäischen). Das wichtigste Moment für die Annahme des Wechsels der Liquidae bildet aber die in unserer Inschrift, Z. 4, vorkommende Stelle: ‚Und was ich von den Göttern bitte, gewähren sie mir‘ ושמ רוי, den ich übersetze ‚und Frieden der Sättigung‘. In שמו erkenne ich hebr. שָׁלֹם, aram. שְׁלָם, also wieder ein Wechsel von *l* in *n* vor *m*. Wir haben demnach als Grundform *palâmu* anzusetzen. Die Wurzel פלם kommt allerdings im Hebräischen nur in dem dunklen פלמני vor, findet sich aber im Syrischen, erweist sich somit als eine gute nordsemitische Wurzel. Was die Form betrifft, so halte ich *Palâmû* für einen Stat. absolutus von einer Form פלמותא[1] und vergleiche damit die Eigennamen נשם und מליכו, die wahrscheinlich in gleicher Weise zu beurtheilen sind. Davon vollständig zu trennen sind aber die nabatäischen und palmyrenischen Namen (שרחו, סערו etc.), wo das *û* nur die arabische Nunation wiedergiebt.

Noch fremdartiger klingt der Name *Karal*, dessen Aussprache freilich kaum richtig ist. Eine Wurzel קרל ist im Semitischen bis jetzt unerhört und man darf annehmen, dass *l* hier für *n* steht. Ein Eigennamen קרן wäre aber gut semitisch. Noch eine andere Möglichkeit möchte ich ins Auge fassen. Bekanntlich kommen im Hebräischen eine kleine Anzahl von Nomina mit dem Bildungsbuchstaben ל vor. Hierher gehören כרמל, ערפל, ברזל, חרגל. In allen diesen Wörtern tritt ein *r* in der Wurzel auf, nur in נבזל findet sich ל als Ansatz, ohne dass ein *r* vorangeht. Wir haben sogar ein Beispiel von einer radix mediae geminatae חָרֻל ‚Brennnessel' (von חרר). Nach dieser Analogie kann also *karrûl* gelesen und gedeutet werden.

In der ersten Zeile ist mir die letzte Gruppe במלמי zweifelhaft. Es ist wahrscheinlich מ בעל abzutheilen und ‚Herr des Wassers' zu übersetzen. Man könnte freilich auch annehmen, dass es den Ort, wo Panammu die Statue des Hadad aufgestellt hatte, bezeichnet, also: ‚in meinem עלם' und hebr. אולם ‚porticus' vergleichen, aber es scheint mir wenig glaubhaft, dass auf der Statue der Ort, wo sie aufgestellt worden ist, angegeben wurde. Durch ihre Existenz zeigt sie den Standort deutlich genug. Noch eine dritte Erklärung ist zulässig: בעלמי ist von der Wurzel עלם abzuleiten und ‚in meiner Jugend' zu übersetzen.

Z. 2. קמו עמי אחרי ‚Es standen mir bei und . . . .' Von dem dritten Worte der Zeile sind nur die Buchstaben רו sicher; nach dem vorangehenden קמו darf man hier ein Perf. eines Verbums in der 3. p. plur. erwarten.

---

[1] Vgl. die biblische n. pr. m. שלמה und שלמי.

Z. 3. מה ist zusammengesetzt aus מָה אִי ‚und was immer', ähnlich ימי in der folgenden Zeile und Z. 22. Auf ומי (Z. 4) folgt Imperf. (אשאל), ebenso auf ומי (Z. 22) ישאל. Man muss daher das folgende אחז als 1. pers. des Imperf. ansehen.

Z. 4. Den Schluss der Zeile lese ich im Anschluss an die hebräische Transscription שבם רוי ‚Friede der Sättigung', indem ich ersteres mit שָׁלוֹם‎, שָׁלָם‎ zusammenstelle und letzteres für Stat. absolut. von רוייתא (ܪܘܝܘܬܐ) halte.[1]

Z. 5—6. שערי ist plur. = hebr. שְׂעָרִים‎, ebenso חמי = חִמִּים‎ und שמי = שׁוּמִים‎ ‚Knoblauch' (arab. ثُوم, aram. ܬܽܘܡܳܐ). Palästina und wohl auch Nordsyrien ist reich an Allium-Arten. Die Annahme einer Adjectivendung ist wenig wahrscheinlich, wenngleich das Geschlecht von ארעא (m.) nicht dagegen sprechen würde.

Z. 7. יעבדו ארק וכרם. Die Phrase soll wohl wie das biblische איש תחת גפנו ותחת תאנתו den friedlichen Zustand des Landes ausdrücken, wo jeder seiner Arbeit nachgehen kann. Für ארק וכרם ist im Hebräischen שדה וכרם gebräuchlich.

Z. 8 ist vielleicht zu ergänzen: שם ישבו ויעבדו ארק וכרם ‚dort sitz[en sie und bearbeiten Acker und Weingar]ten'.

Z. 9 ergänze ich א . . . . והכרות חרב | חסר חלוכבה.

Z. 10. Trotzdem, dass nur wenige Buchstaben zerstört oder unsicher sind, bleibt der Sinn dieser Zeile sehr dunkel und ich wage nur mit aller Reserve die Vermuthung auszusprechen, dass hier die Rede ist von Präfecten des Königs (נְצִיבִים), die in den eroberten Districten eingesetzt worden sind. Ich übersetze daher: ‚Und in meinen Tagen wurde eingesetzt Rp . . . ki ‚zum Präfecten von . . mt und zum Präfecten der Zarari, und für die Beni Kefiri Ḥaljam.' Vielleicht hatten diese Präfecten für die königliche Tafel zu sorgen, wie die zwölf נציבים des Salomo, die 1 Könige, Cap. 4 mit Namen und District aufgezählt werden. Zur Erklärung sei nur noch hinzugefügt,

---

[1] Nach meinem allerdings nicht sehr scharfen Abklatsche, halte ich die Lesung שני רוי für möglich; dann müsste man ‚Jahre der Sättigung' übersetzen und hebr. שני השבע (Gen. 41, 30 ff.) vergleichen. Euting bietet jedoch auf Facsimile und Umschrift שם.

dass יתמר möglicher Weise = יֵתָאֵמַר sein kann. Für בגיר der Umschrift lese ich בגיר und erkenne darin denselben District, den Tiglatpileser nach der Barrakub-Inschrift Z. 10 dem Panammu geschenkt hat.[1]

Z. 11 ist wahrscheinlich יבכרה נתנו לי zu lesen: ‚und Ansehen (Ehre) verliehen sie mir'. בברה ist Stat. absolutus von בברותא. Die Lesung נתנו halte ich für besser als נתנה des Facsimile, wo übrigens das ה nicht sehr scharf markirt ist, weil die 3. pers. fem. sing. in den Inschriften auf ת auslautet und eine Niphalbildung ohne Noth nicht vorausgesetzt werden darf.[2]

Z. 12. ומת יקחו מן ידי וטה אשאל מן אלהי מת יתנוו לי.[3] Das Verständniss dieser Stelle hängt ab vom Verständniss des Wörtchens מת, das eine wahre crux in den Inschriften von Sendschirli bildet. Schon auf der Inschrift des Bar-Rakûb (Panammu-Statue) kommt das Wörtchen an drei Stellen vor und zwar, wie es scheint, jedesmal in einer anderen Bedeutung:

P, Z. 4: ויתרה מת מלא מסגרת ‚und mit dem Rest des Geschlechtes, den männlichen Nachkommen, füllte er die Kerker';

P, Z. 10: שם מת בעלי כפירי ‚fügte er (Tiglatpileser) das Stadtgebiet der Kefiri [an das Land meines Vaters]'

P, Z. 16: וגם מת אבי פנמו ‚dann starb mein Vater Panammu'.

Denselben Spuk treibt nun dieses Wörtchen auch in unserer Inschrift. Es findet sich auch wiederholt Z. 13 und 14 und scheint bald ‚männliche Nachkommen', bald ‚Stadt' zu bedeuten. In Z. 26 steht es in dunklem Zusammenhang, dagegen bedeutet es wieder Z. 29 ‚todt'.

---

[1] Der Abklatsch scheint meine Lesung zu bestätigen.

[2] Auf dem Abklatsch scheint mir allerdings die Spur eines ה zu sein, also doch נתנה.

[3] Euting hat in der Umschrift וטה רוח שאל für וטה אשאל des Facsimile. Die Lesung des Facsimile scheint vom Abklatsche bestätigt zu werden. מת in dieser Zeile ist vielleicht ‚Gabe' zu übersetzen und aus מתן verkürzt. Für פקח der Euting'schen Umschrift lese ich יקחו, was auf dem Facsimile und dem Abklatsch wirklich zu stehen scheint.

Unter diesen Verhältnissen wird man das Schwanken des Uebersetzers begreifen, aber trotzdem scheint mir ‚männliche Nachkommen‘ an unserer Stelle am Besten zu passen.

Während von Z. 1 bis Anfang Z. 13 der Gründer der Inschrift, König Panammu, in der ersten Person spricht, redet im zweiten Abschnitte (Z. 13—25) eine andere Persönlichkeit in erster Person und Panammu wird als dritte Person behandelt. Da diese Persönlichkeit wiederholt sagt: ‚Panammu, mein Sohn, wird das Scepter ergreifen und auf meinem Thron sitzen etc.,‘ so muss der Sprechende Ḳarrûl, der Vater des Panammu sein, dessen Name gleich am Anfange der Z. 13 auftaucht. Oefters kommt in der Rede des Königs auch eine Anrede in zweiter Person vor: ‚Du machst die Seele des Panammu mit dir.‘ Diese Anrede kann nur an den Gott Hadad gerichtet sein, dem die Statue errichtet worden ist. Halten wir alle diese Momente zusammen, so ergiebt sich daraus, dass der Stifter der Inschrift im zweiten Abschnitt derselben von seinem Vater Ḳarrûl erzählt und ihn dann in der Oratio directa sprechen lässt.

Die Anrede selbst zerfällt in zwei Theile, und enthält im ersten Theile den Segen des Vaters an seinen Sohn, wenn er dessen Gelübde und Wünsche erfüllen wird, und in der zweiten Hälfte den Fluch des Vaters, wenn der Sohn dessen Gelübde und Wünsche nicht erfüllen wird. Die Zweitheilung geht hervor aus der fast parallelen Ausdrucksweise beider Theile, die sich gegen Ende nur durch Bejahung oder Verneinung unterscheiden. Ich setze beide Theile vergleichungsweise hierher:

A	B
(15) פענמו בני ו[אחז] [וחמ]ר וישב	(10) [ופענמו] בני יאחז חסר וישב
על משב ויסער אבזו רובח	על משב המלך (11)... ויסער אברו וי[ובח]
(16) הדד ..... רובח ..... זבח הדד	והדר ..... [זבח] ..... [הדרו]
.... (17) ויזכר אשם הדד או	(22) [ויזכ]ר אשם פנמו ....
נבש פנמו עמך תשותי נבש	עם הדר ותשתי נבש פנמו עם ......
פנמי ..... עמך ..... יזכר נבש פנמו	ובוחהן ....
..... (18) .... וזבח זא תסם ... וי[רקי] בה	ובחה אל ירקי בה
שאל הדד ואל ורכבאל ושמש (19) וי[חן]	ומ (23) ישאל אל יתן לה הדר

(15) Und Panammu mein Sohn wird halten das Scepter und sitzen auf meinem Throne und wird festigen die Macht und Opfer darbringen (16) dem Hadad .... und opfern .... ein Opfer dem Hadad und gedenken der Schuld (vor) Hadad, oder ... die Seele des Panammu mit dir und du wirst machen (?) die Seele des Panammu mit dir ... er wird gedenken die Seele des Panammu .... (18) ... ein fehlerloses Opfer, ... daran er Wohlgefallen finden wird. Er bat Hadad und El und Rakûbel und Schemesch (19) sie gewähren ....

(20) Und Panammu mein Sohn wird halten das Scepter und sitzen auf den Thron des Königs ... und wird festigen die Macht und Opfer darbringen [dem Hadad ...... und opfern .... ein Opfer dem Hadad (27) und gedenken der Schuld des Panammu .... mit Hadad und du wirst machen die Seele des Panammu mit .... sein Opfer, und nicht soll er Wohlgefallen finden daran und was er erflehen wird, nicht soll es ihm gewähren Hadad.

Was für Bedingungen Karrûl an die Uebernahme des Thrones von Seiten Panammu's geknüpft und auf deren Erfüllung er den Segen gesetzt, dagegen aber für den Fall der Nichterfüllung den Fluch angedroht hat, ist schwer zu ermitteln; da gerade Z. 19, welche zwischen beiden Theilen des Testaments Karrûl's steht, zerstört und dunkel ist. Dagegen glaube ich jetzt den Sinn der Zeilen 13 und 14, die den Uebergang vom ersten zum zweiten Abschnitt bilden und die lange jedem Versuch einer Entzifferung Widerstand leisteten, mit einiger Sicherheit feststellen zu können. Ich lese und ergänze die Stelle also:

Z. 13—14. תשאלו קרל אלהי מת פלא נתן הדד מת לוקרל ח יקוחני לבנא ובה לבבתי (14) נתן מת. Hierzu muss ich einige erläuternde Bemerkungen machen. Wenn man in der Inschrift wiederholt die Correspondenz von שאל und נתן ‚bitten' und ‚gewähren' betrachtet (Z. 4, 12, 18—19 und 23), so wird die Ergänzung [תשאל,[1] wo der Stein eine Lücke aufweist, vollkommen gerechtfertigt erscheinen. ‚Karrûl bittet also מת und Hadad gewährte nicht מת.' Nun haben wir schon oben מת

---

[1] Euting hat in der Umschrift ... ש. Das ש kann in der alten Schrift sehr wohl als Kopf des נ erscheinen.

als ‚männliche Nachkommen' kennen gelernt und es ergiebt sich also der Sinn, dass Ḳarrûl die Götter um männliche Nachkommen gebeten, dass aber Hadad ihm keine gewährt habe. Daraus folgt die Lesung der zweiten unleserlichen Gruppe לקרל ח, wofür die EUTING'sche Umschrift לבנה hat. Da wir aber aus der Inschrift wissen, dass Ḳarrûl seinen Sohn Panammu zum Nachfolger einsetzte, so tritt ein Widerspruch auf, der nur durch die Annahme beseitigt werden kann, dass Panammu nicht ein directer männlicher Nachkomme Ḳarrûls gewesen sei, sondern wahrscheinlich ein Anverwandter, der von ihm adoptirt worden ist. Diese Annahme wird bestätigt durch das darauffolgende ויקחני לבנא[1] ‚und er nahm mich zum Sohne' (von לקח ‚nehmen' und בנא Stat. emph. von בר). Ich übersetze demnach die Stelle:

‚Und es [flehte] Ḳarrûl zu den Göttern um männliche Nachkommen, aber nicht gewährte Hadad männliche Nachkommen dem [Ḳarrûl]. Da nahm er mich zum Sohne (d. h. adoptirte mich) [indem er sagte] durch ihn vielleicht durch meine Tochter gewährt er (Hadad) männliche Nachkommen.'[2]

Z. 14 lese und ergänze ich zum Theil im Anschluss an das Facsimile, welches stark von der Umschrift abweicht: בנא מבנית פת והקמת מצב הדד זן תיקם פנמו בר קרל מלך יאדי[3]. Der Sinn der Stelle scheint zu sein: ‚[und er sprach: ich habe dich adoptirt] als Sohn, wenn du die Stadt aufbauen und errichten wirst ein Denkmal des Hadad . . so wird er (Hadad) bestätigen den Panammu, Sohn des Ḳarrûl, zum König von Ja'di.'

Die folgenden Zeilen 15 und 16 sind an den lesbaren Stellen deutlich und an den nicht lesbaren wage ich keine Ergänzungen vorzuschlagen.[4]

---

[1] EUTING hat יקני. Anstatt des zweifelhaften י schlage ich ח vor.

[2] Ich bin mir der Gewagtheit dieser Interpretation voll bewusst und will deswegen auch eine zweite Möglichkeit nicht unerwähnt lassen. Das Wort בנ kann, wie wir gesehen haben, auch ‚Stadt' bedeuten (assyr. mâtu, aram. מתא) und בנא Inf. von בני ‚bauen' sein.

[3] Der Abklatsch widerspricht dieser Lesung nicht.

[4] Nur scheint mir ידעי bei EUTING verschrieben für יהער. Wenn das ו sicher ist, was ich nach meinem Abklatsche nicht beurtheilen kann, müsste man ויהעב lesen = יחעב (wieder ב für ע). Einen passenden Sinn wüsste ich aber nicht vorzuschlagen.

Z. 17 bietet die Phrase ותשתי: נבש פנמו עמך, die auch Z. 22 sich wiederholt, nur dass dort nach עם vielleicht ein anderes Wort steht. Ich übersetze sie: ‚und du verbindest (verwebst) die Seele des Panammu mit dir'. Dem Sinne nach vergleiche ich I Sam. 25, 29:

והיתה נפש ארני צרורה בצרור החיים את ה' אלהיך ואת נפש איביך יקלענה בתוך כף הקלע

‚und das Leben meines Herrn möge eingebunden sein im Bündel der Lebenden mit Jehova, deinem Gotte, und die Seele deines Feindes möge er fortschleudern in der Pfanne des Schleuderers'. Zu שתי vergleiche ich hebr. שְׁתִי ‚Aufzug des Gewebes', arab. سَتَا, syr. ܐܫܬܝ ‚weben'.

Z. 18. Interessant ist die Phrase וזבח .... וירקי בה, der Z. 22 זבחה יאל ירק בה entspricht. Dass hier von einem Wohlgefallenfinden am Opfer die Rede ist, wird Niemand bezweifeln. Man denkt sofort an hebräische Wendungen wie ובנו הבית וארצה בו (Hag. 1, 5) oder הרצה ה' באלצי אלים Thr. 6, 7, und ich brauche wohl kaum zu sagen, dass die Wurzel רקי mit dem hebr. רצה, arab. رَضِيَ identisch ist, wofür die aramäischen Dialecte sonst רעי haben. Die Radix רקי ist ein höchst lehrreiches Gegenstück zu ארק, אֶרֶץ, אַרְע, ארק und ارض, מוקא, מתא.

Der dritte Abschnitt der Inschrift, die sogenannte Fluchformel, scheint gegen Ende der Zeile 24 zu beginnen. Sie wird am Anfang durch die häufige Wiederkehr des Wörtchens או ‚oder' und später durch die Wiederholung des Wörtchens לו ‚wenn', welches in diesem Zusammenhang wie im Assyrischen den Sinn von ‚oder' hat, gekennzeichnet.

Solche Fluchformeln sind in fast allen alten semitischen Inschriften üblich. Ansätze finden sich z. B. in der Inschrift von Byblos wie in der Sarkophaginschrift Aschmonazar's von Sidon. Sehr ausführliche Fluchformeln bieten die sabäischen Denkmäler. Auch die grosse Inschrift von Teimâ hat eine richtige Fluchformel. Am ausgebildetsten treten uns aber solche Formeln auf den babylonischen und assyrischen Inschriften entgegen. Besonders weitläufig sind die

---

Ebenso scheint Z. 16 ויזה für וישר verschrieben zu sein. Letzteres glaube ich noch auf dem Abklatsche zu erkennen.

Formeln auf den Kaufverträgen, die auf Steinen oder Thontäfelchen erhalten sind. Da werden Segenssprüche gespendet demjenigen, der den Vertrag einhält und der Fluch aller Götter angerufen gegen jeden, der den Vertrag bricht. Es sind wahre Musterkarten von Flucharten, Plagen und Krankheiten, die als Strafe aufgezählt werden für den Vertragbrüchigen. Dass die Flüche zahlreicher sind als die Segnungen, versteht sich von selbst. Die Güter des Lebens lassen sich in wenigen Worten zusammenfassen, die Unglücksfälle sind so verschieden und mannigfach wie die Wechselfälle des Schicksals.

Dieses Fluchformelwesen, welches einen integrirenden Bestandtheil der Verträge und Bündnisse bildet, lässt zwei Abschnitte des Pentateuch's, ich meine Leviticus Cap. 26 und Deuter. Cap. 27 und 28, in einem ganz besonderen Lichte erscheinen. Beide Abschnitte bilden den Schluss von Gesetzessammlungen, und während der erste mit den Worten schliesst: ‚Dies sind die Gesetze, Verordnungen und Lehren, welche festgesetzt hat Jehowa zwischen sich und den Söhnen Israels auf dem Berge Sinai durch die Hand Moses,‘ endigt der zweite Abschnitt also: ‚Dieses sind die Worte des Bündnisses, welches geboten hatte Jehova dem Moses zu schliessen mit den Söhnen Israels im Lande Mo'ab, ausser dem Bunde, den er mit ihnen in Chorab geschlossen hatte.‘

Man begreift, dass bei der Wichtigkeit des Vertrages, der zwischen einem Volke und seinem Gotte geschlossen wird, auch entsprechende Segen- und Fluchformeln vorhanden sein müssen.

Ausser auf Verträgen finden sich solche Formeln auf Bauten und Denkmälern, welche die babylonischen und assyrischen Könige als Zeichen ihrer Macht und zur Verherrlichung ihres Ruhmes gesetzt haben. Sie sind bald kurz, bald aber von einer Ausführlichkeit und Detaillirung, die für die Geschichte solcher Denkmäler von höchstem Interesse ist. Je wechselvoller das Schicksal der Könige und je mannigfaltiger die Art und die Mittel der Zerstörung waren, um so genauer musste der königliche Stifter gegen solche Vernichter seines Ruhmes sich verwahren. Ich gebe hier ein Stück aus der Fluchformel des Monoliths Assurnaṣirpals (865—860 v. Ch.) und zwar den ersten

Theil, der die Segenssprüche enthält, nur in Uebersetzung, den zweiten Theil aber, der die verschiedenen Möglichkeiten der Zerstörung aufzählt, in Umschrift und Uebersetzung (nach der *Keilschriftlichen Bibliothek* I, 120 u. 121), weil die genaue Kenntniss der Phraseologie das Verständniss und den Zusammenhang des letzten Abschnittes unserer Inschrift sehr erleichtern wird:

‚Wer gemäss dieser meiner Inschrift (46) handelt und den Wortlaut meiner Schrift (47) nicht ändert, dessen Herrschaft mögen Ašur und Bel (48), die grossen Götter, die mein Königthum gross gemacht haben (49), in der Gesammtheit der Länder gross machen, (50) mit meiner machtvollen Gewalt und Herrlichkeit (51) ihn begaben, das Land der vier Weltgegenden (51) unter sein Scepter stellen, Fruchtbarkeit (53), Fülle und Reichthum in seinem Lande (54) begründen.'

(55) Ša ki-i pi-i mu-ša-ri-a
(55) an-ni-i la i-pa-šu ša-mi-it
(56) [ša?] šiṭ-ri-ia uš-ti-nu-u ṣal-mu
(57) šu-a-tu i-'a-ba-tu-ma
(58) u-šam-sa-ku ina piš-ša-ti i-ka-ta mu-šu

(59) ina i-pi-ri i-ka-bi-ru-šu ina išâti
(60) išarap-šu ina mi i-na-du-šu a-na
(61) ki-bi-is u-ma-mi u mi-ti-ik
(62) bu-u-li i-ša-ak-ka-nu-šu ša-mi-it
(63) šiṭ-ri-ia um-ma-na-ti a-na a-ma-ri
(64) u ša-si-i i-kal-lu-u u ina pa-an
(65) mu-sari-ia man-na ki-i la-ma-a-ri

(66) u la ša-si-i i-pa-ar-ri-ku
(67) aš-šum iz-zi-ir-ti-ši-na-ti-na
(68) na-ak-ra a-ḫa-a a-ia-a-ba lim-na
(69) lu bit ki-li lu a-mi-lu-ta

(70) ši-kin na-piš-ti u-ma-'-ru-ma
(71) u-ša-ḫa-zu i-pa-pi-tu i-ḫa-ap-pi-ru
(72) pi-šu a-na aḫa-ti uš-ti-in-nu-u
(73) a-na ḫul-lu-uḳ ṣalmi-ia
(74) an-ni-i u ša-mi-ti a-na iš-un-ni-i
(75) u-zu-un-šu i-ša-ka-nu-ma lib-ba-šu

Wer gemäss dieser meiner Namensschrift nicht handelt und den Wortlaut meiner Schrift ändert, jenes Bild vernichtet und fortschleppen lässt, unter Anstrich(?) es verbirgt,
in der Erde es vergräbt, mit Feuer es verbrennt, ins Wasser es versenkt, dem Treten der Thiere und Darüberschreiten des Viehes es aussetzt, den Inhalt meiner Schrift den Leuten zu sehen und zu lesen verwehrt und vor meiner Namensschrift irgend einen, damit er nicht sehe
und nicht lese, hindert, zu solchen boshaften Handlungen einen andern Gegner, einen bösen Feind, sei es von der Dienerschaft(?), sei es von den Sclaven,
ein Geschöpf seiner selbst entbietet, beordert, ruft(?) und flüsternd nennt(?), seines Mundes (Rede) bei Seite ändert, dieses mein Bild zu zerstören, den Wortlaut (meiner Schrift) zu ändern seinen Sinn richtet und sein Herz

(76) *i-ma-al-li-ku-šu u lu-u (amilu) a-ba*	beräth, und wer, wenn ein Beamter
(77) *lu (amilu) gaššu lu-u ma-am-ma ša-nu-u*	und Offizier oder irgend ein anderer:
(78) *šalmu šu-a-tu ḫul-li-iḳ ša pi-i-šu*	‚Vernichte diese Statue, die nach seinem Befehle
(79) *la i-pa-ti i-ḳa-ab-ba-aš-šu*	nicht ist' zu ihm spricht
(80) *u ša pi-i-šu i-ši-im-mu u ša man-ma*	und er auf dessen Mundes (Rede) hört, oder wer immer
(81) *a-mat limut-ti i-ḫa-sa-sa-ma a-na ip-ši-ti-a*	einen bösen Befehl ausdenkt und wider meine Werke
(82) *u šalmi-ia u-ma-'-ru a-na-ku*	und mein Bild giebt, indem er sagt: ‚ich
(83) *la i-di i-ḳa-ab-bu-u lu ina šarrû-ti*	kenne (ihn) nicht, man hat wohl während seiner Regierung
(84) *pa-ni-šu a-na šalam-ti i-ša-ka-nu-ma*	ihn zu einer Leiche gemacht (ermordet),
(85) *šalam-šu u-'-a-ab-tu-ma*	sein Bild vernichtet und
(86) *uḫ-ḫar-ra-am-ma-tu a-mat-tu ša pi-i-šu*	zu Grunde gerichtet, das Wort seines Mundes
(87) *uš-ti-in-na-a u ana šalmi-a*	ist verändert' und wer wider dies mein Bild
(88) *šu-a-tu li-im-ni-ti il-ti-'-u.*	Böses beabsichtigt . . . . .

Nachdem ich dies vorangeschickt, gehe ich an die Commentirung des letzten Abschnittes der Inschrift. Das zerstörte Ende der Z. 24 hat etwa gelautet: [‚Wer gemäss dieser Inschrift handelt und dieses Denkmal schützt] (25), der möge halten das Scepter in Ja'di und möge auf meinem Throne sitzen und regieren . . . . . .' Ich mache besonders aufmerksam auf die Aehnlichkeit der Phrasen: *ina (išu) KI-šu lu-šat-limu* ‚[die Götter mögen das Land] unter sein Scepter stellen' und dem יאחז חמר וכי unserer Inschrift.

Ende Z. 25 beginnt der zweite Absatz der Schlussformel, der die verschiedenen Möglichkeiten der Zerstörung und Entweihung des Denkmals aufzählt, wie dies auch äusserlich durch die Wiederholung des Wörtchens או ‚oder' zu erkennen ist.[1]

Z. 26. מאל (mit ursprünglichem ם!) ist im Semitischen sonst nicht nachweisbar. Ich vermuthe daher wieder einen Wechsel der Liquidae und vergleiche die Radix מאן und ganz besonders Jes. 9, 4 כל מאן סאן ברעש ‚ein jeder (schwer mit Nägeln beschlagene) Schuh eines mit Gedröhn auftretenden (Soldaten)'. Vgl. DILLMANN zur Stelle.

---

[1] Nachbildungen von assyrischen Schlussformeln finden sich auch in den Vaninschriften. Vgl. meine *Keilinschrift von Aschrût-Darga*, S. 23 ff.

Z. 27. ‏ואי(תה) ירשי שחת‏ wiederholt sich in der folgenden Zeile und ist vielleicht auch Z. 33 zu ergänzen. Zu ‏ירשי‏ vergleiche ich hebräisch und aramäisch ‏רשה‏ ‚vermögen, Vollmacht haben' und ‏רַשִׁי‏ (= ‏אַרְשִׁי‏) ‚bevollmächtigen'. Im Schluss der Zeile erkenne ich eine ähnliche Phrase wie in Asurnaṣupal Z. 61 und 62: (‚Wer jenes Bild) dem Treten der Thiere und Darüberschreiten des Viehes aussetzt' und übersetze die Stelle also: ‚Wenn [ein Nachfolger] befehlen wird zu zerstören (diese Statue) an dem Orte einer Höhle eines reissenden Thieres (damit es darüber schreite) oder an einem Orte, wo man ein wildes Thier zähmt, oder an dem Orte (28) seiner Höhle . . . .' Für ‏ראשי‏ bei EUTING lese ich mit ziemlicher Sicherheit ‏באשר‏.[1] Das zweifelhafte ‏ר‏ kann sehr wohl ein ‏ב‏ sein und das ‏·‏ ist in dem Facsimile ganz verwischt. Dass meine Lesung richtig ist, beweisen die folgenden ‏באשר‏ ‏א.‏ Die Buchstabengruppe ‏חרי‏ theile ich ab in ‏חר יי‏ und vergleiche zu ersterem hebr. ‏חֹר‏ (arab. ‏خَرّ‏ assyr. *ḫurtu*) ‚Höhle' und besonders ‚Höhle der wilden Thiere' (Naḥûm 2, 13).

Die Gruppe ‏חוםובחיה‏ lese ich ‏חםו ב חיה‏. Wenn die Lesart ‏חוםו‏ richtig ist, müsste man arab. ‏حَزَم‏ ‏حَزَام‏ vergleichen, was aber keinen befriedigenden Sinn giebt. Auf dem Facsimile von EUTING ist das Zeichen für ‏ו‏ sehr undeutlich und ich vermuthe dass ‏ם‏ gestanden hat.[2] Wir haben also ‏חםם‏ (arab. ‏خَطْم‏) ‚bändigen, bezähmen' zu lesen. Im Hebräischen findet sich das Verbum nur Jes. 48, 9 (‏אחםם לך‏ (אמי ‚Ich bezähme für dich (meinen Zorn)'. Sollte ‏חםם חיה‏ nicht eine missverständliche Uebersetzung von *kibis umami* sein, indem dem nordsyrischen Uebersetzer hebr.-aram. ‏כבש‏ ‚bändigen, zähmen' vorschwebte?

Z. 28. ‏ירשי שחת יםתר סארהדה זנרי‏ ‚er befiehlt zu vernichten, beschliesst [zu zerstören?] mein Denkmal', wobei ich ‏זכרי‏ für das sinnlose und unmögliche ‏זנרי‏ lese. Vgl. ausser Asurnaṣirpal Z. 73—76 auch Merodach-Baladan I, Z. 22 (*Keilschr. Bibl.* III, 1, S. 192): *ana ḫa-pi-i*

---

[1] Diese Lesung scheint vom Abklatsche bestätigt zu werden. Von dem darauffolgenden ‏ירי‏ sehe ich auf meinem Abklatsche nur eine leise Spur des ‏ה‏; dagegen ist ‏חיה‏ sehr deutlich zu erkennen.

[2] Der Abklatsch spricht nicht dagegen. Die Weglassung von ‏ה‏ in ‏בה‏ kann auch graphisch erklärt werden.

nara-a šu-a-tu i-šak-ka-nu uznâ-šu d. h. ‚wenn er jene Tafel zu zerschlagen beschliesst'.

ויקם ותה במצעה, ‚und stellt es in die Mitte'. Wenn mich nicht Alles täuscht, steckt in diesem ותה das aram. ית (hebr. את, אותו etc., phön. אית), indem einerseits aram. ית phön. אית andererseits ות hebr. אתו zusammengehören. Das darauffolgende מתנשה scheint Ethpaal von נשי ‚vergessen' zu sein.[1]

Z. 29. יאמר אחכם השחת, ‚es sagt euer Bruder: zerstöre.'[2] Sehr beachtenswerth ist das Suffix 2. p. pl. כם für כן, בן. Von den 3. p. pl. haben wir verschiedene Beispiele im Aramäischen. So findet sich bei Ezra vereinzelt אלהים (6, 16) סמתתם und ראשם (5, 10) etc. ebenso in Ägypt.-aramäisch: במהם, אלהים etc. (*Corp. Ins. Sem.* II. Band 1. S. 150). Die nabatäischen Inschriften haben ausnahmslos הם (vgl. NÖLDEKE in EUTING, *Nabatäische Inschriften* S. 77). Ein Suffix כם für כן, כן findet sich auch Ezra 7, 17: בית אלהכם.

ירה לאלה אבה übersetze ich vermuthungsweise, ‚(das) er gründete (stiftete) dem Gotte seines Vaters', indem ich zu ירה hebräisch ירה heranziehe, insbesondere an der charakteristischen Stelle הגה הגל הזה והגה המצבה אשר ירתי ביני ובינך, siehe diesen Haufen und diese Steinsäule, die ich errichtet habe (als Zeichen) zwischen mir und dir' (Gen. 31, 51).

Das Wörtchen משה[3] ist vielleicht zusammengesetzt aus מי ש הוא. Die Stelle: משה יאמר הו אנש מת, ‚wer da sagt: er ist ein todter Mensch' kann sich beziehen auf den Gott Hadad und es würde dann heissen: ‚Dies ist nicht die Statue eines Gottes, sondern eines todten Menschen,' kann aber auch auf den König sich bezogen haben. Die Phrase erinnert an Asurnaṣirpal Z. 80 ff: ‚Und wer immer einen bösen Befehl ausdenkt und wider meine Werke giebt, indem er sagt: ‚ich kenne ihn nicht,

---

[1] Das Ganze scheint dem assyr. *ina ašar la amari išakkanu* zu entsprechen, ‚wer es an einen dunklen Ort stellt', d. h. an eine Stelle, die nicht zugänglich ist, und es so der Vergessenheit anheim fallen lässt.

[2] Das folgende הגי ist vielleicht [ה]גיו zu ergänzen und ‚zünde an' zu übersetzen. Vgl. הגי, Z. 31.

[3] So EUTING. Auf dem Abklatsche erkenne ich nur mit Sicherheit das ה. Sollte nicht מזה zu lesen sein?

man hat wohl während seiner eigenen Regierung ihn getödtet etc.'

אמרת אל בפם זו אמר ,so sagst du darauf: sprich nicht mit frevelhaftem Munde.' Charakteristisch ist das Perfectum im Nachsatz. סאמו‎ פם = פם bedarf keiner weiteren Erläuterung, ebensowenig זו = זי. Auffällig bleibt nur אָמר nach אל. Man würde Jussiv תאמר erwarten. Vielleicht ist es jedoch אמר = wie אחו oben Z. 3.

Z. 30. קם עיני א וזלח kann übersetzt werden: ‚Mein Auge ist starr oder trüb' ich kann also das Denkmal nicht sehen.

בפם אנשי צרי möchte man übersetzen ‚durch den Mund feindlicher Menschen', aber dem hebr. צר entspricht arab. ﻀ, im Dialecte unserer Inschrift müsste es also קר lauten, wesshalb ich צרי vorderhand unübersetzt lasse.[1]

In der Gruppe לתמן בר איחה erkenne ich mit Bestimmtheit לו, ein darauffolgendes Verbum und dann das schon wiederholt vorgekommene איחה. Dass hier wirklich לו vorliegt, beweist in der folgenden Zeile מלבתשה, dann מלבתם שמה und לו שחת. Schon die Anwendung von לו in diesen Zusammenhang weist auf eine assyrische Vorlage hin, wo lu gerade in den Schlussformeln in gleicher Verbindung äusserst häufig ist.

בר איחה ‚der Sohn seines Nachfolgers, kann, dem assyr. *rubu arku* ‚irgend ein später Fürst' entsprechend, einen späteren Nachfolger bezeichnen.

Z. 31. וכרו ist Stat. absol. von וכרתא ‚Denkmal'.

Die folgende Phrase מלבתשה באבני וצור,[2] ‚und wenn er es mit Steinen zerschlägt und anzündet' ist äusserst charakteristisch. Sie ist es, die mich zuerst auf den Gedanken gebracht hat, in den letzten Zeilen der Inschrift eine Fluchformel zu erkennen. Die Auflösung der Gruppe in מ לו בתשה braucht keine weitere Begründung, die Uebersetzung von

---

[1] Nach dem Abklatsche ist jedoch die Lesung קר nicht ausgeschlossen. Die Lesung נעו זו des Facsimile scheint mir besser als נעו זו der Umschrift zu sein. Der Abklatsch lässt mich hier wie so oft im Stiche.

[2] Die Lesung יצו für וצו der Umschrift, die ich gleich vermuthete, bestätigt jetzt der Abklatsch.

כתש kann nach dem hebr. כָּתַשׁ aram. כְּתַשׁ nicht bezweifelt werden. Die Auffassung wird durch das folgende באבני aufs energischste unterstützt. Nehmen wir nun dazu die assyrische Phrase Merodach-Baladan II, (*Keilschr.-Bibl.* III, 1. S. 192) Z. 29 ff:

ina išâti išrupu-u (30) ina abni u-pa-sa-su.

‚(Wer das Denkmal) mit Feuer verbrennt, mit Steinen zerschlägt' wofür an anderer Stelle ‚*ina abni ubbatu*' in gleichem Sinne vorkommt, so kann über die Identität der Phrasen kein Zweifel obwalten. Zur grösseren Sicherheit folgt aber noch והצר ‚und er zündet es mit Feuer (נורא) an,' genau dem *ina išâti išrupu* entsprechend.

Nach einer Lücke folgen bei EUTING die Worte אזתה זן... סלכתנשנה בעבני והצר. Auf dem Abklatsche sind nur die letzten zwei Worte deutlich. Anstatt בעבני glaube ich aber בלבני zu erkennen. Ich übersetze die Stelle: ‚[Oder wenn er] die Buchstaben [auskratzt], oder wenn er seinen Namen mit Ziegelsteinen bedeckt und anzündet' אזתה halte ich = hebr. את arab. آيَة ‚Zeichen' und für סלכתמשנה lese ich, indem ich für das zweifelhafte *n*, beide Male *m* setze (welches dem *n* sehr ähnlich ist), סל כתם שמה. Dazu vergleiche ich assyr. *ša ina iprati ikatamu* ‚wer meine Tafel in Staub verbirgt'.

Z. 32. In Bezug auf ותלטי עינך באדרת vermuthe ich, dass darin der Sinn steckt, der in Asurn. Z. 67 ff enthalten ist: ‚(Und wer) den Inhalt meiner Schrift den Leuten zu sehen und zu lesen verwehrt etc.' Vielleicht ist jedoch באדרתך zu lesen und zu übersetzen: ‚Und du verhüllst dein Auge mit deinem Mantel' (um dich dadurch von der Mitschuld zu befreien). Mir schwebt dabei וילט פניו באדרתו (I Kön. 19, 13) vor. Allerdings ist für die unbekannte Wurzel לט die Bedeutung ‚verhüllen' nicht nachgewiesen.

Z. 33. נרב kann nach dem Vorangehenden nur den Sinn ‚Aufreizung, Aufforderung' haben, was mit der arabischen Bedeutung ندب genau stimmt und mit dem hebräischen נָרַב leicht in Einklang gebracht werden kann.

בחמא ... או תהרגה בחם ‚oder wenn du es zerstörst . . . im Zorn'. הרג bedeutet wie assyr. *ḫulluḳu* sowohl ‚tödten' als auch ‚zerstören'. Auffallend bleibt der Wechsel der Person.

Z. 34. אך תחק עליה ‚oder wenn du darauf eingräbst (deinen Namen)' entspricht der häufig wiederkehrenden Phrase: *ša šumi šaṭra ipašituma šumšu išaṭaru*. ‚wer meine Namensschrift auslöscht und seinen Namen (darauf) schreibt' (vgl. z. B. Raman-Nirari I, Z. 14—15 und Tiglatpileser I, Col. VIII, Z. 69—70).

אי תאלב אש זר · יהרנה ‚oder du belehrest einen fremden Mann (einen Feind) es zu zerstören' erinnert an die ähnliche Wendung in Asurn. Z. 67 ff.: ‚Wer zu solchen boshaften Handlungen einen anderen Gegner, einen bösen Feind .... entbietet, beordert etc.' Aehnliche Phrasen kommen auch in anderen Inschriften vor.

תאלב für תאלף wie נבש für נפש.

Der Schluss der Inschrift, der gewiss den Fluch der Götter gegen die Zerstörer des Denkmals enthielt, fehlt.

Bevor ich den Commentar dieser Inschriften schliesse, halte ich es für nothwendig eines Artikels von JOSEF HALÉVY zu gedenken, der auf Grund seines Studiums der Originale in Berlin eine Uebersetzung dieser Inschriften gegeben und daran einige sehr interessante Bemerkungen geknüpft hat. Der Artikel *Deux Inscriptions de Zindjirli* ist in dem ersten Hefte der von JOSEF HALÉVY begründeten *Revue sémitique*, p. 77 seq. abgedruckt. Die Arbeit HALÉVY's ist mit Rücksicht auf die kurze Zeit, die er dem Studium der Originale widmen konnte, eine sehr anerkennenswerthe Leistung; als Basis der Entzifferung müssen aber die Publicationen SACHAU's und EUTING's angesehen werden. Was jedoch der Arbeit HALÉVY's besonderen Reiz verleiht, sind seine Aufstellungen in Bezug auf Volk und Sprache der Inschriften. Das Volk, welches diese Sprache gesprochen, sollen die Hettiter, die Sprache hebräisch und nicht aramäisch sein. Die Frage der Hettiter halte ich noch nicht für spruchreif; dagegen halte ich die Sprache allerdings für einen alten aramäischen Dialect. Der Begründung dieser Anschauung ist der folgende Abschnitt gewidmet.

Die Sprache der Inschriften von Sendschirli.

Die Sprache, in welcher die Denkmäler von Sendschirli abgefasst sind, bietet eine Reihe von merkwürdigen Eigenthümlichkeiten, die eine besondere Untersuchung erheischen. Dass wir hier eine nordsemitische Sprache vor uns haben, darüber waltet kein Zweifel; es gilt aber innerhalb der nordsemitischen oder hebraeo-aramäischen Gruppe dem Dialecte von Sendschirli den richtigen Platz anzuweisen.[1]

Als charakteristische Merkmale des aramäischen Sprachzweiges werden bis jetzt einige Lautgesetze angesehen, die sich in allen aramäischen Dialecten als unverletzlich erwiesen haben. Diese Lautgesetze lassen sich in folgende Gleichungen zusammenfassen:

arab.	aram.	hebr.
ث	ת	שׁ
ذ	ד	ז
ض	ע (ק)	צ
ظ	ט	צ

Freilich zeigte sich in älteren aramäischen Inschriften aus Assyrien, auf den Inschriften von Teimâ und jüngst auf dem Denkmal aus Kilikien[2] eine Abweichung von diesem Gesetze, insofern ז an Stelle des ד auftauchte. Dieser Wechsel war aber bei der Aehnlichkeit der Aussprache von ז und ד nicht besonders auffallend.

---

[1] Wie in der Publication Sachau's bezeichnet:
H die Inschrift auf der Hadad-Statue, gesetzt von Panammu dem Aeltern;
P die Inschrift auf der Statue des Panammu des Jüngern, gesetzt von seinem Sohne Bar-Rekub;
B die Inschrift des Bar-Rekub, Bauinschrift. (Vgl. S. 44.)
Das Basaltfragment theilt Sachau auf S. 77 mit. (Vgl. S. 43.)

[2] Vgl. den *Anzeiger* der phil.-hist. Classe der Wiener Akademie d. Wissensch. vom 19. Oct., Jahrg. 1892, Nr. xxi.

Etwas sonderbarer erschien bereits eine andere Abweichung von der Regel auf einigen keilschriftlichen Täfelchen mit aramäischen Beischriften. Da fand sich שלשא für aram. תלתא (CIS ɪɪ, Nr. 3), שקלן für תקלן (13. 14) und אסת für אחת (15). Die Herausgeber des *Corpus* erklärten diese Formen für assyrische Entlehnungen. Dagegen führte ich[1] den Beweis, dass im Falle der Entlehnung dem assyr. š ein nordsem. ס hätte entsprechen müssen, und stellte die These auf ‚dass hier aramäische Wörter in anderer Schreibweise vorliegen'.

Die altaramäischen Inschriften von Sendschirli bieten nun die Eigenthümlichkeit, dass nicht nur ז für ד, sondern auch ש für ת regelmässig geschrieben wird:

Sendschirli	aram.	hebr.	arab.
שקל	תקל	שקל	ثقل
ישב	יתב	ישב	وثب
אשם	–	אשם	أثم
אשר	אתר	–	أثر
שם	תום	סום	ثوم
שלשן	תלתין	שלשים	ثلاثون

Beispiele für den Wechsel von ז und ד sind:

ד	די	ז	ذو
זהב	דהב	זהב	ذهب
אחז	אחד	אחז	أخذ
זכר	דכר	זכר	ذكر
זלל	–	זלל	ذلّ

Ausserdem findet sich in der einzigen sicheren Radix mit צ ein צ und nicht, wie man im Aramäischen erwarten müsste, ein ט, ich meine das Wort für ‚Sommer' in der Bauinschrift 19:

כיצא	קימא	קיץ	قيظ und viell. auch
צר	טורא	צוד	ظرّ[2]

---

[1] *Wiener Zeitschr. f. d. Kunde des Morgenlandes*, Bd. v, S. 7.

[2] Auch im Hebraeo-Phönikischen scheint das צ eine doppelte Aussprache gehabt zu haben, je nachdem es ursemitisches ṣ oder ẓ ausdrückte. Denn nur daraus erklärt sich, dass hebr.-phön. חרץ ‚Gold' griechisch χρυσός, dagegen der Stadtname צר griechisch Τύρος lautet.

DIE ALTSEMITISCHEN INSCHRIFTEN VON SENDSCHIRLI.

Nur in einem Punkte steht der Dialect von Sendschirli auf der Stufe des Aramäischen, aber auch hier in abweichender Weise von den uns bekannten aramäischen Dialecten, indem nämlich dem arab. ض nicht ein ע sondern wie in der bekannten Stelle Jerem. 10, 11 und auf den assyrischen Gewichten im Worte ארקא ein ק entspricht:[1]

ארק	ארע	ארץ	أرض
מוקא	יעא	יצא	وضا (sab. اقا)
רקי	רעי	רצה	رضى und viell. auch
קרי	–	צרים	ضر

Wenn wir den Charakter der Sprache von Šam'al nur nach lautlichen Merkmalen zu beurtheilen hätten, so müssten wir uns entscheiden die Sprache dem hebraeo-phönikischen Sprachzweige einzuverleiben, da ja die meisten in Frage kommenden Laute auf der Stufe des Hebräischen stehen. Die einzige Ausnahme, die Spaltung des צ in zwei Laute und die Wiedergabe des einen durch ק, würde ebensowenig gegen den hebräischen Charakter sprechen, wie die Spaltung des ח in ḥ und ḫ im Assyrischen oder die des ע in der Wiedergabe der Septuaginta, wo ursprüngliches غ noch zum Theil durch γ wiedergegeben wird.

Ich schicke aber voraus, dass nach meiner Ansicht die grammatischen Formen unwiderleglich den aramäischen Charakter der Sprache von Šam'al darthun. Die Beweise für diese Behauptung will ich weiter unten liefern. Ist aber diese Aufstellung richtig, so müssen die lautlichen Abweichungen erklärt werden. SACHAU unterscheidet Altaramäisch und jüngeres Aramäisch und scheint anzunehmen, dass innerhalb des Aramäischen eine Abstufung der Zischlaute zu Lippenlauten stattgefunden hat. Diese Annahme scheint mir wissenschaftlich unhaltbar zu sein. Aus š, ṣ und z kann nicht t, ṭ und d ohne jeglichen Grund werden und dies umsoweniger als thatsächlich š, ṣ und z, soweit sie den arabischen Lauten s, ṣ und z entsprechen, auch in den aramäischen Dialecten erhalten worden sind. Es bleibt also nichts übrig, als in der verschiedenen Wiedergabe der ursemitischen Laute, die im Arabischen durch ث, ض, ذ und ظ ausgedrückt werden, nur rein orthographische

---

[1] Mandäisch ארק und Jer. a. a. O. ארקא neben ארעא.

Schwankungen zu erkennen. Für die im Aramäischen vorhandenen Laute reichten die altsemitischen Zeichen nicht aus, und da keine adäquate Zeichen vorhanden waren, so schwankte die Schrift in der Wahl der Zeichen für diejenigen Laute, die eben in der Mitte zwischen zwei anderen Lauten lagen, und wählte so für ث bald ש bald ת, für ز bald ז bald ד etc.

Es ist immerhin möglich, dass für die Wahl der Zeichen auch kleine lautliche Differenzen von ausschlaggebendem Einfluss waren. So kann sehr wohl die Berührung mit dem hebraeo-phönikischen Sprachzweige im Norden die Wahl der in diesen Sprachen bei den in Betracht kommenden Radices üblichen Zeichen beeinflusst haben, wie andererseits die Berührung mit dem Arabischen in den meisten aramäischen Dialecten den Zeichen ר, ט, ד zum Durchbruche verhalfen. Im Grossen und Ganzen halte ich die von mir schon früher ausgesprochene Erklärung dieser Erscheinung[1] durch die Funde von Sendschirli vollkommen bestätigt.

Lautlich sind noch zu beachten der Wechsel der Liquidae, wofür jeder semitische Dialect wohl Belege liefern dürfte. מנצר für

---

[1] Die Stelle in der *Wiener Zeitschr. f. d. Kunde des Morgenlandes* Bd. v, S. 7 lautet: „Es kann nach diesem regelmässigen, streng eingehaltenen Lautwechsel (zwischen dem Assyrischen und Nordsemitischen) nicht angenommen werden, dass bei der Entlehnung der Wörter שלם, שקל und רעם dieses Gesetz nicht beobachtet worden ist. Man muss vielmehr zugeben, dass hier aramäische Wörter in anderer Schreibweise vorliegen. Der Laut, welcher im Arabischen durch ث ausgedrückt wird und welcher, wie ich glaube, schon im Ursemitischen vorhanden war, musste im nordsemitischen Alphabete, wo ein adaequates Zeichen nicht existirt, entweder durch ש oder durch ת wiedergegeben werden. Im Hebräischen griff das ש durch, während das Aramäische in späterer Zeit diesen Laut durch ת umschreibt. Es scheint nun, dass in alter Zeit das ש hierfür verwendet worden ist. Wir dürfen uns hierüber ebensowenig wundern, wie über die Thatsache, dass das ז, wie längst bekannt ist, in diesen Inschriften und in den in Arabien und Aegypten gefundenen für arabisches ز steht, wo die späteren aramäischen Schriften ד haben. Diese Thatsache gestattet aber durchaus nicht den Schluss zu ziehen, dass in dem in Babylon und Assyrien gesprochenen (aramäischen) Dialecte die Laute, welche später in der Schrift durch ת und ד wiedergegeben werden, wirklich *t* und *z* gesprochen worden sind. Es ist nur eine Unbeholfenheit der Schrift und der Mangel adaequater Zeichen, die sich in den verschiedenen Wiedergaben der alten Laute offenbaren.

שנם, שלמו für שלם, שאל für שאן und בנא Stat. emph. von בר, wobei auch בני (für בְּרִי) zu erwähnen ist; ferner der Wechsel der Lippenlaute ב und פ in נכש für נפש und תאלב für תאלף.

Ein sehr lehrreiches Wort ist סתוא ‚Winter' (Bauinschrift 18), welches genau dem arab. شِتَاء entspricht und dadurch beweist, dass hebr. סְתָיו eine secundäre Bildung (für שְׁתָיו) sei.

Eine eigenthümliche lautliche Erscheinung ist der Wechsel von כ und ק in ביצא (aram. קיטא, hebr. קיץ, arab. قَيْظ). Die Form mit כ scheint mir aber ursprünglicher zu sein als die mit ק, weil die Veränderung von כ in ק durch das צ in der Wurzel erklärt werden kann, nicht aber umgekehrt.

Aehnlich verhält es sich mit dem Wort קתילח mit ת wie im arab. قتل statt des nordsem. קטל. Auch hier ist aus demselben Grunde das ת ursprünglich.

Die Formen sind es nun, die wir zu untersuchen haben. Sie sollen uns Aufschluss geben, in was für einem Dialecte die Inschriften von Sendschirli abgefasst sind. Es ist aber nöthig noch eine dritte Inschrift heranzuziehen, ich meine die Bauinschrift, die zwar noch nicht veröffentlicht, aber öfters von SACHAU citirt und stückweise übersetzt worden ist. Die Heranziehung dieser Inschrift scheint um so wichtiger zu sein, als durch dieselbe einige helle Streiflichter auf den Charakter der Sprache geworfen werden. Ich habe daher versucht aus den Citaten SACHAU's die Inschrift zu reconstruiren und aus seiner Uebersetzung den semitischen Text zu finden. Die in runden Klammern stehenden Stellen sind versuchsweise rückübersetzt und kommen bei der Untersuchung der Sprache selbstverständlich nicht in Betracht.[1]

---

[1] Der Vollständigkeit halber theile ich hier auch das von SACHAU auf S. 71 angeführte Basalt-Fragment mit:

... ל · קרבן · ד · | · · · ‚Die[ses Denkmal (?)] welches wir darbrachten dem . . . .

. . . מלך · 4 · כשלשן [ich so] wie dreissig Könige [meine Brüder] . . . .

· אב · בצדק · · · · durch die Gerechtigkeit meines Va[ters und durch meine Gerechtigkeit]

. . . . . . א · אב [setzte mich mein Herr . . . . . auf den Th[ron [meines Va]ters.'

Die Ergänzung · · אבי · טראמו · על · תגלתפלאסר · מראי · רכבאל · הושבני · ובצדק · אבי · בצדק ergiebt sich mit Sicherheit aus der Bauinschrift Z. 3—7.

1 [כ ב ר ר ב · ה נ] א ·	Ich bin Bar-Rakûb
2 שמ [ך ל מ] · ומנמ · בר ·	Sohn des Panammu, König von Sam-
3 · מרא · תנלתפליסר · עבד · אל	'al, Knecht des Tiglapileser, Herrn [nes Vaters
4 · וכב · אבי · בצדק · ארקא · רבעי ·	der Viertel der Erde. Durch die Gerechtigkeit mei-
5 · רכבאל · מראי · השבני · דכי	und meine Gerechtigkeit setzte mich mein Herr R.
6 · על · תנלתפליסר · ומראי	und mein Herr Tiglatpileser auf den [war voll(?)
7 · מלא · אבי · (ובית · אבי · כרסא	Throu meines Vaters. Und das Haus meines Vaters
8 · מראי · בנלנל . . . ואנה · כל · מן	von Allem. Und ich .. an dem Rade meines Herrn,
9 מלכן · במצעת ׳(אשׁור · מלך	des Königs von Asûr, in der Mitte grosser
10 · כסף · בעלי · רברבן	Könige, Besitzer von Silber, und
11 ׳ולקחת · זהב · ובעלי	Besitzer von Gold. Und ich habe übernommen
12 · והיסבתה) · אבי · בית	das Haus meines Vaters und es schöner gemacht
13 · רברבן · מלכן · חד · בית · מן	als das Haus irgend eines der grossen Könige.
14 · מלכיא · אחי	Und es trugen bei(?) meine Brüder, die Könige
15 · ובידי · ביתי . . . . (לכל	zu allem was schmückte mein Haus. Und durch mich
16 · אלהי · למושב) · יטב ·	ist es schön geworden zur Wohnung für die Götter
17 · בית · והא ׳(שמאל · מלכי	der Könige von Sam'al. Und es ist ein Haus
18 שתוא · בית · מרא ׳(בלהם · להם	für sie, sie alle. So ist es ein Haus des Winters
19 · כיצא · בית · והא · להם	für sie und es ist ein Haus des Sommers,[1]
20 · זנה · ביתא · בנית · ואנה	und ich habe dieses Haus erbaut.

Prüfen wir nun mit kritischem Auge die drei umfangreichen Texte, so tritt eine Thatsache deutlich zu Tage. Der für die hebraeophönikische Sprachgruppe charakteristische Artikel ה fehlt gänzlich[2] und dafür findet sich besonders in der Bauinschrift ziemlich häufig der Stat. emph. in den Substantiven ארקא (Z. 4), שתוא (18), כיצא (Z. 19) und ביתא זנה (20) — ein deutliches Kennzeichen aramäischer Sprachbildung.

In den zwei grossen Inschriften kommt allerdings der Stat. emph. fast gar nicht vor und der absolutus vertritt seine Stelle, aber je ein

---

[1] Von einem Sommer- und Winterpalast spricht auch der Prophet Amos, und sehr merkwürdig ist die Glosse im *Midrasch Schmuel* (jetzt Editio Buber, Bl. כד): לואחאב שבעים בנים בשטרון כשם שהיה לו שבעים בנים בשמרון כך היו לו שבעים בנים ביזרעאל וכל אחד ואחד מהם היו לו פלטין אחת של קיט ופלטין אחת של חורף, חדא הוא דכתיב והכרתי בית החורף על בית הקיץ. ‚Und Achab hatte siebzig Söhne in Samaria (2 Könige 10, 1). Wie er siebzig Söhne in Samaria hatte, so hatte er auch siebzig Söhne in Jizreel, und ein jeder von ihnen besass je einen Winter- und einen Sommerpalast, wie es geschrieben steht: Und ich werde zerstören den Winter- nebst dem Sommerpalast' (Amos 3, 15). Vgl. auch Jer. 36, 22. In *Kohelet Rabba* kommt neben חרף die Lesart סיתוא vor.

[2] Die Lesung המלך (H 20) ist gewiss unrichtig.

Fall des Stat. emph. lassen sich auch in den beiden Denkmälern nachweisen u. zw. in P 22 חבר וזה ‚und zum Andenken dessen' und in H 13 das Wort ברא (Stat. emph. von בר).

Eine weitere Eigenthümlichkeit ausschliesslich der aramäischen Sprachgruppe ist die Bildung des Stat. absol. auf *û*, und gerade diese Form tritt in den beiden grossen Inschriften ziemlich häufig auf:

אבדו (אבדותא) ‚Macht' H 13. 15. 17,
וכרו (וכרתא) ‚Andenken' II 31,
כברו (כברתא) ‚Ehre, Ruhm' H 11,
מכרו (מכרתא) ‚Kaufpreis' P 10,
מלכו (מלכותא) ‚Königreich' P 17,
רוו (רויותא) ‚Sättigung' II 4, und wahrscheinlich auch
שמו (שמותא) n. pr. häufig.

Möglicherweise liegt auch in dem Worte מבכי ‚Trauerfeier' P 18 ein Stat. abs. von מבכיתא vor.

Der Plural wird ebenfalls nach aramäischer Weise auf *n* gebildet und nicht auf *m* wie im Hebraeo-Phönikischen. Freilich finden sich hievon nur zwei Beispiele in der Bauinschrift 9, 12 מלכן רברבן ‚grosse Könige' und שלשן ‚dreissig' auf dem Basalt-Fragment. Ebenfalls in der Bauinschrift (Z. 14 und 15) kommt der Stat. emph. plur. מלכיא ‚Könige' zweimal vor.

In den beiden grossen Inschriften kommt weder der Plural auf *n*, noch der Emphaticus auf יא vor. Dagegen erscheint der Plur. absol. auf *î* mit Abwerfung des *n*. Die Annahme, dass es Bildungen des Plur. emphat. seien mit Abwerfung des א, ist unwahrscheinlich und in einzelnen Fällen wegen der sicheren Indeterminirtheit unmöglich. Die Beispiele sind:

שבעי (שִׁבְעִים) ‚siebzig' B 3,
אלהי (אֱלֹהִים) ‚Götter' B 23, II 4. 12. 13,
שערי (שְׂעָרִים) ‚Gerste' H 5,
חטי (חִטִּים) ‚Weizen' H 6,
שמי (שׁוּמִים) ‚Knoblauch' H 6,
מי (מַיִם ?) ‚Wasser' H 1,

(אֲבָנִים) אבנ ‚Steine' H 30 (bis)

(? אֲנָשִׁים צָרִים) אנשי צרי   H 30.

Vielleicht gehören auch hierher die Namen von Volksstämmen oder Völkerschaften בטיר H 10 und B 10, ferner ורו H 10.

Diese Erscheinung zu erklären ist nicht leicht. Beim Zahlwort שבע lassen sich Analogien aus dem Sabäischen, Aethiopischen und Assyrischen beibringen, bei den übrigen Pluralbildungen müsste man annehmen, dass das *n*, wie sonst mitten im Worte elidirt worden ist, eine Erklärung die mich wenigstens nicht sehr befriedigt. Ich muss aber darauf aufmerksam machen, dass mehrere aramäische Dialecte eine ähnliche Erscheinung darbieten. So in erster Reihe das Neusyrische, wo die Zahlwörter der Zehner immer das *n* abwerfen. Man sagt also ܚܡܫܝ 50, ܫܒܥܝ 70, ܬܡܢܝ 80 etc. Vom Substantivum und Adjectivum ist der Stat. abs. plur. freilich verloren gegangen, aber im verbal gebrauchten Particip ist er erhalten und lautet ܪܡܝܢ[1] (für ܪܡܝܢ), also wieder mit abgeworfenem *n*. Auch im Mandäischen wirft der Plur. abs. meistentheils das *n* ab und lautet auf *î* aus.[2] Ebenso wird im Talmudischen das *n* beim Stat. abs. plur. meistens abgeworfen, z. B. עבידי אינשי ‚die Menschen pflegen', אינשי דלא מעלי ‚Menschen, die nicht gut sind', wodurch der prädicative Charakter des Adjectivs, der Stat. abs., gesichert erscheint. Die Abwerfung des *n* im Plural lässt sich vielleicht dadurch erklären, dass im Constructus und Empfaticus ohnehin das *n* weichen und dadurch in der Sprache das Gefühl lebendig werden musste, dass das *n* nur eine untergeordnete und unwesentliche Rolle in der Bildung des Plurals spiele. Jedenfalls erweist sich die Abwerfung des *n* im Plural als eine aramäische Eigenthümlichkeit, die mit der Bildung des Emphaticus zusammenhängt, und ist somit ein Kennzeichen des aramäischen Sprachzweiges.[3]

---

[1] Vgl. Th. Nöldeke, *Grammatik der neusyr. Sprache* S. 132, 152 und 215.

[2] Vgl. Th. Nöldeke, *Mandäische Grammatik* S. 162.

[3] Es darf jedoch nicht vergessen werden, dass auch das Assyrische den Plural auf *î* neben dem auf *âni* bildet.

Ein weiteres Kennzeichen aramäischer Formenbildung ist זי = די als Relativpronomen und als Zeichen des Genetivs. Das Wörtchen erscheint in den Inschriften in beiden Bedeutungen so:

די הקמת מצב ז , ‚der ich errichtet habe diese Statue' (H 1)

ומצב זן די קרבן , ‚[diese Statue], die wir dargebracht haben' (Basalt-Fragm. 1)

חר די חיה, ‚Höhle eines wilden Thieres' (H 27).

Das pronom. demonstr. זן (targ. דן) ist an und für sich kein Beweis mehr für aramäische Formenbildung, seitdem sich auch זן im Phönikischen in der Inschrift von Byblos Z. 4, 5, 12 neben ז gefunden hat, aber das Vorkommen des Emphaticus in ביתא זנה ‚dieses Haus' (B 20) und זכר זנה ‚Andenken dessen' (P 22) qualificiert auch dieses Wort als eine aramäische Bildung.

Sehr merkwürdig ist ית als Zeichen des Accusativs in ויקם ותה במצעה ‚und er stellt es in die Mitte' (H 28). Dieses ית entspricht aramäisch יָת, phön. אית und hebr. אֶת (mit Suff. אֹתוֹ etc.). Vgl. לְיָת und בְּיָת.

Echt aramäische Formen sind das Zahlwort חד (P 5 und B 12) für אחד und das Verbum הֲוָת ‚sie war' (P 2) für hebr. הָיְתָה.

Nach diesen Ausführungen scheint mir der aramäische Charakter der Sprache sichergestellt. Es lässt sich jedoch nicht leugnen, dass einige andere charakteristische Eigenthümlichkeiten der aramäischen Sprachbildung, die bis jetzt als untrügliche Kennzeichen der aramäischen Sprachgruppe gegolten haben, in den Inschriften nicht vorkommen, so z. B. fehlt der Stat. abs. des fem. plur. auf *ân*, der Infinitiv mit dem Präfix מ und die Endung *ûn* im Futur des Verbums. Es gilt nun diese Bildungen zu untersuchen, ob sie mit dem Wesen des Aramäischen unzertrennlich verbunden sind oder nicht.

Der Stat. abs. plur. fem. *ân* ist allerdings allen aramäischen Dialecten eigenthümlich (im Nabatäischen ist zufällig kein Beispiel, im Palmyrenischen sind nur vereinzelte Beispiele vorhanden). Dagegen wird der Stat. abs. plur. fem. in der Inschrift von Sendschirli immer mit ח geschrieben: מסגרת ‚Gefängnisse' (P 4—8); קדת חרבת ‚zerstörte Städte' (P 4, vgl. auch P 15); קתילת (P 8). Man muss aber die Frage aufwerfen: Ist dieses *ân* eine ursprüngliche oder secundäre Bildung? Nachdem nun aber in keiner semitischen Sprache sonst ein fem. plur. *ân* vorkommt, so scheint mir die Annahme, dass *ân* secundär sei, gute Berechtigung zu haben. Sie ist erst durch die Dreifaltigkeit des mas. plur. verursacht und diesen nachgebildet worden:

	absol.	constr.	emphat.
Plur. mas.	*în*	*ai*	*aijâ*
Plur. fem.	*ân*	*âth*	*âthâ*

Wenn nun in diesen alten Inschriften der Plur. abs. durch *ât* ausgedrückt wird, so liegt hierin nur ein Beweis, dass in jener alten Zeit die Analogiebildung noch nicht durchgegriffen hatte, und diese Thatsache ist nur ein Zeugniss für die Ursprünglichkeit dieser alten aramäischen Sprachüberreste, nicht aber gegen ihren aramäischen Charakter überhaupt.

Ein gleiches Bewandtniss hat es auch mit dem Infinitiv mit dem Präfixe מ, dem مصدر ميمى der arabischen Grammatiker. Um dem Infinitiv eine besondere Consistenz zu geben, bildete sich im Aramäischen der Infinitiv der Form *mek̲ṭal*. Diese Form findet sich schon ausschliesslich in den aramäischen Stücken der Bibel und hat bereits die gewöhnliche Infinitivform קטל verdrängt. In unseren Inschriften kommen zwei Infinitive vor: לאכל ‚zu essen' (H 23) und למנע ‚abzuhalten' (H 24), wofür man למאכל und לממנע erwarten müsste. Aber auch hier ist die Form mit dem Präfixe secundär, und das Fehlen des מ im Infinitiv ist durchaus kein Grund, der Sprache dieser Inschriften den aramäischen Charakter abzusprechen. Oft bewahren junge Dialecte alte Formen und Bildungen, und wie wir schon oben beim Plur. abs. ähnliche Erscheinungen in den Inschriften von Sendschirli und in dem neusyrischen Dialecte von Urmia beobachten konnten, so bietet auch hier das Neusyrische eine gute Analogie zu dem präfixlosen Infinitiv unserer Inschriften. Der Infinitiv des Qâl oder der 1. Classe lautet im Neusyrischen *qṭâla* (wie im Hebr. קְטֹל), wogegen allerdings der Infinitiv der 2. Classe ein מ präfigirt.[1] In gleicher Weise bietet der christlich-palästinische Dialect neben ܡܣܒܪ ‚auf seinem Gange' auch ܚܒܠ ‚zu tragen' (nicht ܡܚܒܠ). Das Pael

---

[1] Vgl. Th. Nöldeke, *Grammatik der neusyrischen Sprache*, S. 213 ff.

bildet wieder einen präfigirten Infinitiv, wogegen das Aphel einen Infinitiv ohne מ hat.[1]

Es lässt sich auch in anderen aramäischen Dialecten die Entwicklungsgeschichte des präfigirten Infinitivs verfolgen. Das Biblisch-Aramäische hat diese Bildung nur im Qal, während die abgeleiteten Verbalformen die Infinitive in alter Weise ohne מ bilden, ebenso der babylonische Talmud:[2]

Pael   קַטָּלָה. קַיָּמָה etc.   tal. אַסּוּרֵי. שַׁבּוּחֵי etc.
Aphel   הַקְטָלָה. הֲוָיָה etc.   tal. אַחוּיֵי. אָעוּקֵי etc.
Saphel שַׁעְבּוּדֵי. שֵׁיזָבוּ
Ethp.   הִתְקַטָּלָה tal. אִצְטַנּוּעֵי (אִתְמַנָּעָה)

Im Mandäischen sind die Infinitive ohne מ in den abgeleiteten Verbalformen häufiger.[3] Der Dialect des jerusalemitischen Talmud hat noch einzelne Infinitive ohne präfigirtes מ, in der Regel sind jedoch die präfigirten Formen gebräuchlich.[4] Das Syrische dagegen zeigt lauter präfigirte Formen. Wir sehen also, dass diese secundäre Bildung erst langsam zum Durchbruche und zur vollständigen Herrschaft auf dem Gebiete des Aramäischen gelangt ist und dürfen uns durchaus nicht wundern, dass die zwei in der Sendschirli-Inschrift vorkommenden Infinitive noch in gemeinsemitischer Weise gebildet sind. Das spricht nur für die Alterthümlichkeit der Sprache, nicht aber gegen den aramäischen Charakter derselben.

Etwas schwieriger gestaltet sich die Erklärung des fehlenden n im Imperf. plur.; denn hier handelt es sich um eine altsemitische Endung, die im Arabischen, zum Theil auch im Assyrischen, und vereinzelt auch im Hebräischen in älteren Stücken sich findet. Die Erscheinung, dass die jüngeren aramäischen Dialecte diese Endung behalten und dass sie gerade in diesen ältesten aramäischen Sprachresten fehlen sollten, wäre äusserst auffällig. Es muss aber zugegeben

---

[1] Vgl. Th. Nöldeke, ZDMG. xxii, S. 505.
[2] Vgl. S. D. Luzzatto, Grammatik der biblisch-chaldäischen Sprache und des Idioms des Talmud-Babli (ed. Krüger) S. 83.
[3] Th. Nöldeke, Mandäische Grammatik 233—234.
[4] Vgl. M. Schlesinger, Das aramäische Verbum im Jerusal. Talmud, S. 33 ff.

werden, dass in allen Fällen, wo das Imperf. plur. vorkommt, die Endung ן fehlt. Die Beispiele sind:

P	4/5	תשמו חרב בבית ותהרגו חד בני
H	4	ומן אלהי יתנו לי אצאל ומן
H	7	יעבדו ארק וכרם
H	12	ימת יקח: מן יד־

Schon SACHAU hat auf יאבדו Jer. 10, 11 und יחימו Ezra 4, 10 hingewiesen. Diesen beiden Beispielen aus alten Texten kann noch יאכלו ‚es mögen essen' auf den Papyrus von Elephantine (CIS II, 137) hinzugefügt werden. Die Möglichkeit, dass ein alter aramäischer Dialect die Endung abwirft, ist also dadurch gesichert. Dazu kommt noch, dass im Optativ und in Bedingungssätzen auch in anderen semitischen Sprachen die apokopirte Form gebraucht wird, und in der That können diese Sätze zum Theil optativisch, zum Theil conditionel gefasst werden. Ein zwingender Beweis gegen den aramäischen Charakter der Sprache lässt sich also auch hieraus nicht ableiten.

Zu erwähnen sind noch die Suffixe הם und כם in להם (B 18) und אחכם ‚euer Bruder' (H 29) für הן und כן in den anderen aramäischen Dialecten. Die Suffixe הם und כם erscheinen aber nicht nur vereinzelt in Ezra und Daniel, sondern sind auch im Nabatäischen und in den aramäischen Inschriften aus Aegypten und Arabien ausschliesslich im Gebrauche. Die Suffixe הן und כן sind zweifellos Secundärbildungen nach Analogie der Fem. הן und כן.[1]

Nach diesen Ausführungen scheint mir auf Grund der Formenbildung der aramäische Charakter der Sprache gesichert zu sein. Es bleibt nur noch übrig, den Sprachstoff auf die aramäischen Bestandtheile zu prüfen. Bevor ich aber daran gehe, halte ich es für nöthig, die Schreibweise der Inschriften zu besprechen, weil damit vielfach die Sicherheit der vorgeschlagenen Lesungen und Uebersetzungen zusammenhängen.

In Bezug auf die Schreibweise ist zu bemerken, dass die Hadad-Stele mit der Verwendung der *matres lectionis* viel sparsamer verfährt als die jüngere Inschrift auf der Statue des Panammu.

---

[1] Das Suffix des Fem. plur. הן scheint in יחתהן H 23 vorzukommen.

Auslautendes *î* und *û* werden stets durch ׳ beziehungsweise ו ausgedrückt, indessen findet sich אך (H 1) neben אנכי in (P 19), wie ja im Phönikischen beide Schreibweisen vorkommen.

In der Mitte des Wortes drückt auf der Panammu-Inschrift ו *au*, *ô* und *û* aus: אבה ‚sein Vater' (neben אבה); אשור ‚Assyrien' (öfters); ביומי ‚in meinen Tagen' (P 9. 10. 18); שורה ‚Durra' (P 6. 9); מוקא ‚Aufgang' (P 13. 14); הושבי (P 19. B 5). Einmal steht ו sogar für ein kurzes *u* in מברו (Stat. abs. von מברחא). Dagegen wird הא ‚er' (P 11. 22) ohne ו geschrieben. Zur Bezeichnung von langem *î* wird ׳ geschrieben in קירת ‚Festungen' (P 4) und קתילת ‚Getödteten' (P 8).

Auf der Hadad-Stele aber steht ביםי (H 9. 10. 11) und neben הושבת (H 19) öfters משב ohne ו (H 8. 15. 20. 25) und תמם für תָּמִים (H 18). Entsprechend dieser Sparsamkeit im Gebrauche der *matres lectionis* werden einsilbige Wörtchen mit grösseren Wörtern vereinigt und in Folge dessen der Vocalbuchstabe elidirt, z. B. לבבתי = לו בבתי (H 13); פלו כחם = פלכחם (?) לו תמן (H 30); פלו כתשה = פלכתשה (H 31); לו סחת (H 31), ילו דהב דא = ילדהב דא (H 31). Daneben aber auch לו בעל כסף (P 11).

Aus demselben Bestreben die Vocalbuchstaben zu elidiren gehen Gruppen von kleinen Wörtchen hervor, die eben so viele Wörter als Buchstaben enthalten: פמו = פ מה זא (H 2); ומו = זא ומה (H 4, 22) und die seltaame Gruppe משה (?מוה), die ich מי שׁ הוא deute (H 29). Wahrscheinlich ist sogar בה חיה = בחיה (H 27).

Besondere Beachtung verdient das Wörtchen פ in פמו (H 2), פלא (H 13), פאנמו (H 15), פרא (B 18) etc., welches fast im selben Sinne wie arab. ف gebraucht wird, ohne dass es jedoch in dem für das Arabische charakteristischen Gebrauch zur Trennung des Nachsatzes vom Vordersatze nachgewiesen würde. Bis jetzt galt ف, welches auch im Sabäischen und Liḥjân'schen vorkommt, als Kennzeichen der eigentlichen arabischen Sprachgruppe. Das Erscheinen desselben in den nabatäischen Inschriften konnte immerhin als eine Entlehnung aus dem Arabischen angesehen werden.[1] Nun taucht פ plötzlich in diesen alten aramäischen Texten auf, die gewiss von jedem arabischen

---

[1] Vgl. Th. Nöldeke bei Euting, *Nabatäische Inschriften* S. 78.

Einfluss frei sind. Bedenkt man, dass ف überall fehlt, wo אף vorhanden ist und umgekehrt, so wird man vielleicht die beiden Wörtchen als zusammengehörig betrachten und sich auch erklären, warum in unseren Inschriften für ‚auch' das Wort גם gebraucht wird.[1]

Langes á wird am Ende des Wortes durch א ausgedrückt im Stat. emph. masc. in ארקא, בנא, ביתא, כיצא, סתוא und מלכיא, ferner in מלא ‚und nicht' (H 13) und אז (H 18, 19).[2] Dagegen wird der Stat. abs. fem. wie im Biblisch-Aramäischen und Nabatäischen immer mit ה geschrieben: שאה ושורה וחטה ושערה (P 6, 9), חלבבה (H 3), חיה (H 27), מצעה (H 28). Ebenso wie im Biblisch-Aramäischen und Nabatäischen דְנָה wird hier auch זנה geschrieben.[3]

In syntactischer Beziehung sind noch folgende Phrasen und Wendungen hervorzuheben:

P 12 פחי ואחי יאדי ‚die Statthalter und Nebenkönige von Ja'di'.

P 17 איחה זי מלכו für איחה מלכו. Wahrscheinlich ist auch H 20 משבה זי מלך = משבה · מלך.

Ein Beispiel eines echten Nominalsatzes ist P 19 gegeben: אנכי ברוכב בר סנמו בצדזק אבי ובצדקי הושבני מראי.

Conditionalsätze sind H 29: משה יאמר הו אנש מת אמרת und H 14: תבנית מת והקמת נצב הדד זן ויקם פנמו בר קרל מלך יאדי. Ein sehr instructives Beispiel eines Causalsatzes ist P 4—5 erhalten: ... תשמו חרב בביתי ותהרגו חד בני ואגם הוית חרב בארק יאדי.

Eine genaue Analyse des Sprachstoffes gebe ich im folgenden Vocabular, welches auch verschiedene Nachträge zum Commentar enthält.

---

[1] אף zu ב verhält sich wie אך zu ב in כח im Nabatäischen und christlich-palästinischen Aramäisch. ב für אף scheint auch auf dem Basaltfragment vorzukommen כשלשן מלכן.

[2] Sollte nicht אם (P 22 und H 33) die volle Schreibung für מ sein? Vielleicht ist auch כמו (P 5) = מן, wie ja im Minäischen einmal מ für ﻭ ‚und' geschrieben wird. (Vgl. *Epigraphische Denkmäler aus Arabien*, S. 34.)

[3] Auch die kilikische Inschrift hat זנה.

Vocabular.

א

אב ‚Vater', אבי ‚mein Vater' P 4. 7. 10: 15. 16. 18. 19. 20. H 9. 7: אבה ‚sein Vater' P 1. 2. 3: 7. 9, daneben אבהה ‚sein Vater' P 2 (vgl. אֲבֻהִי Dan. 5, 2. syr. اَبُوهُ).

אבד ‚zu Grunde gehen' (von der Ernte) אבדות....P 5. (Vgl. חמה ושערה Joel 1, 11 הילילו כרמים על חמה ועל שעורה כי אבד קציר שדה (aram. אֲבַד syr. أَمَّ).

אבן ‚Stein', אבן סחת ‚Stein des Anstosses' P 7 (hebr. אֶבֶן נֶגֶף); pl. אבני H 31 (hebr. אֶבֶן, aram. אַבְנָא).

אברה ‚Macht' Stat. abs. von אֲדִירוּתָא H 13. 15. 21 (hebr. אַדִּיר).

אגם ‚auch' für גם P 5.

אדרה ‚Mantel' (?) H 32 (hebr. אַדֶּרֶת).

או ‚oder' H 16. 25. 26: 27: 30. 32: 33: 34 (hebr. אוֹ aram. أَوْ).

או = אי P 9. Vgl. H 7 (nach Sachau = hebr. אִי. aram. אֲרֵין).

אחז ‚fassen', perf. אחז ‚er hat gefasst' P 11; imperf. יאחז חטר ‚er wird fassen das Scepter' H 15. 20. 25; אחז ביד ‚ich werde fassen mit der Hand' H 3 (אחז fehlt in der Bibel, vgl. aber ואחזה Mesa-Inschr. 11. 20, syr. اَسِدَ?).

אח ‚Bruder', אחכם ‚euer Bruder' H 29; אחי יאדי ‚die Nebenkönige (Brüder) von Ja'di' P 12 (hebr. אָח aram. אֲחָא).

איח ‚Prinz', bald hebr. בני המלך, bald assyr. *rubu arku* entsprechend. שבעי אחי אבה ‚siebzig Prinzen seines Vaters' P 3; איחה מלכו ‚der Prinz des Reiches' (mit Ausfall von ד). *Rubu arku* ‚ein späterer Fürst' scheint es zu bedeuten H 28 und 30. Wahrscheinlich ist auch H 24 und 25 אחי], H 27 ואיחה] zu ergänzen. Die Etymologie des Wortes ist dunkel.

אכל ‚essen', אכלה ‚Nahrungsmittel' P 9; אכל ושתא ‚Nahrung und Getränke' H 9; לאכל ‚zu essen' H 23 (hebr. אָכַל, aram. אֲכַל).

אל der älteste Gottesname = hebr. אֵל, assyr. *ilu* etc. P 22. H 2: 11. 18.

אל Negation = μή, *ne* יתן לה ‚er möge ihm nicht gewähren' H 23; אל ירקי בה ‚er möge kein Wohlgefallen daran finden' H 22 und אל בפם זר ‚nicht mit frevelhaftem Munde' H 29 (hebr.-phön. אַל, aram. אַל Dan. 2, 24. 4, 16. 5, 10, fehlt im Syr. und den Targumim).

אלב Pael ‚belehren, anleiten', או תאלב איש זר ‚oder wenn du anleiten wirst einen fremden Menschen' H 34 (hebr. u. aram. אָלַף, syr. اَلِفَ).

אלה ‚Gott', Plur. abs. אלהי P 23. H 13 und wahrscheinlich auch H 4. 12. Const. אלהי יאדי P 22 und אלה יאדי (mit Ausfall des י) B 2 (hebr. אֱלֹהַּ, aram. אֱלָהָא).

אלה ‚Verschwörung'; אלה הות P 2 (nur hebr. אָלָה ‚Eid, Schwur').

אמן ‚Bund'? P 21. H 11.

אמר ‚sprechen', אמרת ‚du hast gesprochen' H 21. 29; יאמר ‚er wird sprechen' H 29; אמר (= אָמַר oder אָמֹר) H 30. יתמר (= יִתְאָמֵר(?)) H 10 (hebr. אָמַר, aram. אֲמַר).

אמרה ‚Wort, Befehl' על אמרתה ‚auf seinen Befehl hin' H 26. 32 (hebr. אִמְרָה ‚Wort, Rede').

אנה ‚ich' nur Bauinschr. 1. 20 (aram. אֲנָה, hebr. אֲנִי).

אנך ‚ich' H 1, daneben אנכי P 19 (vgl. hebr. אָנֹכִי, phön. אנכי und אנך, Mesa-Inschr. אנך).

אנש ‚Menschen' Coll. קדם אלהי וקדם אנש ‚vor Göttern und vor Menschen' P 23; von einem Menschen רז אנש מת H 29. Daneben auch אש זר ‚ein fremder Mann' H 34 (vgl. אֱלֹהִים וַאֲנָשִׁים Richter 9, 13. אֱלָה וֶאֱנָשׁ Dan. 6, 8. 13 und ואלהן ואנש Inschr. v. Teima 20).

[אסוה] ein Mass für Flüssigkeiten, אסות משת בשקל ‚ein Asnat Getränke um ein Schekel' P 7 (vgl. hebr. אָסָם Vorrathskammer, syr. اَسْن ,aufgespei-

cherter Getreidevorrath', targ. אסנא ‚Getreidemagazin').

אנד(?) P 7.

ארח ‚Weg' P 18 (hebr. אֹרַח, aram. אָרְחָה Dan. 4, 34. 5, 23, syr. اُرْحَا).

ארק ‚Erde' P 14, H 5. 6. 7; für ארקו H 13 ist ואברה zu lesen (hebr. אֶרֶץ, arab. أَرْض, aram. אַרְעָא. Sonderbarer Weise steht Jerem. 10, 11 אַרְקָא neben אַרְעָא im selben Verse).

אשר ‚Assyrien' P 7. 11. 12. 13. 15. 16. 17. 19 (hebr. אַשּׁוּר, syr. اَثُور).

אשם ‚Schuld, Schuldopfer' H 16. 21 (hebr. אָשָׁם, arab. أَثْم, fehlt im Aramäischen).

אשר ‚Ort' P 18. H 27 (aram. אֲתַר, arab. أَثَر ‚Spur', im Hebr. durch מקום verdrängt. Vgl. assyr. ašru).

את ‚du'(?) H 33.

אתהו(?) H 2.

ב

ב Präposition: 1) örtlich בבית אבה P 2. 3; בביתי P 6; בארק יאדי P 5; בארח H 25; באשר H 27. 32; ביארי P 18; בנלגל P 13; במתת P 16; בלוי P 16; בידי H 2. 8 und damit verbunden רקי ב P 11 und אחז בכנף (= hebr. רצה ב) H 18. 22. 2) zeitlich ביומי P 9. 10. 18; בימי H 9. 10. 12. 3) Mittel und Preis בחש באבני H 31; לעי P 19, בצרק אבי ובצדקי P 19, באדרת H 32; בשקל P 6; בחכמתה ובצדקה P 11; B 4; ב רב בסם אנש H 30; בסם זד H 29;

H 25; בבתי H 13. 4) begleitender Umstand הרג בחמא H 26; הרג ברזו H 33. Mit Suff. ירקי בה H 18. 22; בד (für המטו בחה und H 13 וכה חיה) H 27.

בית ‚Haus' P 2. 7: 8. 9. H 9. 22. B 18. 19; Emph. ביתא B 20 (hebr. בַּיִת, aram. בֵּיתָא).

בכי ‚beweinen' בכיה ‚er beweinte ihn' P 17. 19; בכיתה ‚sie beweinte ihn' P 17; מבכי ‚Weinen, Trauerfeier' P 18 (hebr. בָּכָה, syr. ܒܟܐ).

בללא (?) H 24.

[בן] ‚Sohn' kommt im Stat. absol. u. const. nicht vor (s. בר); Emph. בנא H 13 u. 14 (?); בני ‚mein Sohn' H 15. 20; בני ‚Söhne' H 10; בני ‚meine Söhne' B 5.

בני ‚bauen', בנית ‚ich habe gebaut' B 20. Vgl. P 20 und H 14 (hebr. בָּנָה, aram. בְּנָא u. בְּנָה).

בעל ‚Herr' P 11. 22; plur. const. בעלי P 10, B 10 (hebr. בַּעַל, aram. בְּעֵל).

בֹּקֶרת H 7.

בר ‚Sohn' B 1. 5. 15. 19. 20: H 1. 14. B 2. Vgl. בן.

ברצר n. pr. m. P 1. 3. 15. 20.

בחדכב n. pr. m. P. 1. 19; B 1.

בת ‚Tochter'; בתי ‚meine Tochter' H 13 u. 19 (?); בנת ‚Töchter' P 14.

ג

נבל ‚Gebiet', נבל נרגם ‚das Gebiet von Gurgum' P 15; נבלה ‚sein Gebiet' P 15. (Nur hebr. גְּבוּל und phönik. נבל CIS 2, 20.)

נברה ‚Macht, Stärke', נברתה ‚seine Macht' H 32 (hebr. גְּבוּרָה, aram. גְּבוּרְתָא Dan. 2, 20. 23).

נלגל ‚Rad' (‚Kriegswagen'?) P 13, B 8 (hebr. גַּלְגַּל, aram. גַּלְגַּל Dan. 7, 9).

נם Conjunction ‚auch', ונם פת אבי P 16; נם אכל ושתא H 8; נם ישבח H 9 und verstärkt ונם הות P 5 (nur im Hebräischen und in der Mesa-Inschrift 6 ויאמר נם הא).

נמר ‚vollenden, beschliessen', ינמר H 28 (hebr. גָּמַר, aram. גְּמַר, talm. גמר כלבו ‚er beschloss es in seinem Herzen' Chag. 10a).

ד

דבא (?), סרבאי H 16.

דמשק n. l. ‚Damascus' B 18 (hebr. דַּמֶּשֶׂק).

ה

הא Pronomen pers. ‚er' P 11. 22. H 30. B 18. 19; הו H 29.

הוי ‚sein, werden'; אלה הות ‚eine Verschwörung war, fand statt' P 2 und Pael הוית ‚ich liess werden, d. h. brachte' (aram. הֲוָה und הֲוָת Daniel).

הלך ‚gehen', נלך ‚wir werden gehen' H 21 (hebr. הָלַךְ, aram. הֲלַךְ, imperf. יְהָךְ).

הדד Gottheit P 22. H 2. 8. 11. 13. 14. 16: 18. 23. (Als syrische Gottheit schon aus der heiligen Schrift bekannt. Wenn die Gruppe בעלמי H 1 ‚Herr des Wassers' bedeutet', so darf man הדד ‚der Stürmende, Brausende' [arab. هَدَّ] übersetzen.)

הרג ‚tödten, zerstören', והרגו אבה ‚und er tödtete seinen Vater' P 2; ותהרגו חד בני ‚und ihr habet getödtet einen meiner Söhne' P 5; יהרג ‚er wird tödten (oder zerstören)' H 26; או תהרנה בחמא ‚oder du zerstörst es (das Denkmal) im Zorn' H 33; אם זר ו[ל]יהרננה ‚oder du stiftest an einen fremden Mann, es zu zerstören' (hebr. und Mesa-Inschr. הרג ‚tödten', aber auch ‚zerstören, vernichten'. Vgl. Ps. 78, 47 יהרג בברד גפנם. Im Aramäischen ist die Wurzel הרג durch קטל verdrängt worden, es findet sich aber auch im Sabäischen in der Bedeutung ‚tödten').

ו

ות Partikel zur Bezeichnung des Accusativs, ויקם ותה ‚und er stellt sie' H 28 (= aram. יָת, hebr. את, אות etc., phön. אית. Die Form ות ist noch in לות, קות erhalten).

ז

ז Pronomen demonstr. und relat. in זמם ‚und das was' H 3 und זמו H 4. 22 (hebr. זֶה, Siloah - Inschrift זה, phön. ז).

זא? H 18. 19.

זבח ‚opfern' (mit doppeltem Acc.) וזבח זבח הדד ‚und er wird opfern ein Opfer dem Hadad' H 15. 16; ו[ב]חהן וזבחה ‚ihr Opfer (der Frauen) sein Opfer' H 22 (hebr. זָבַח, aram. דְּבַח Ezra 6, 3; sab. דבח ebenfalls mit doppeltem Acc.).

זד ‚frevelhaft'. בפם זד ‚mit frevelhaftem Munde' H 30 (hebr. זֵד, aram. להזדה Dan. 5, 20. Vergleiche auch זידנא in den Targ. u. זידאנא im Mand.).

זהב ‚Geld' P 11. B 10 (hebr. זָהָב, aram. דְּהַב).

זי Relativum und Zeichen des Genitivs, זי הקמת ‚welches ich errichtet habe' H 1; חר זי חיה ‚Höhle eines wilden Thieres' H 27.

זכר ‚gedenken', יזכר H 16. 17; זכרי ‚mein Denkmal' H 28; זכר Stat. abs. von זכרותא H 31 (hebr. זכר, aram. דְּכַר, arab. ذكر. Vgl. Ezra 6, 2 דכרונה ‚Denkwürdigkeiten' u. palm. דכרן ‚Andenken, Denkmal' VogüЁ n, 2. 8).

זן pronom. demonstr. נצב זן ‚dieses Denkmal' P 1. 20. H 1. 14 (?). Daneben זנה in ביתא זנה ‚dieses Haus' B 20 und in זכר זנה P 22 ‚als Andenken dessen'.

זר ‚fremd', אש זר ‚ein fremder Mann' H 34 (nur hebr. זָר ‚fremd', assyr. adru ‚Feind', im Aramäischen durch נכריא verdrängt).

זרע ‚Samen, Nachkommen' H 20.

ח

חד ‚eins' P 5 und B 12.

חורת (1. שׂורה) P 9.

חום l. חסם w. s.

חטה ‚Weizen' P 6. 9; pl. חטי (für חטין) H 6 (hebr. חִטָּה, pl. חִטִּים, aram. חִנְטִין Ezra 6, 9. 7, 22).

חסם ‚bändigen, zähmen' באשר חסמו ב חיה ‚an einem Orte, wo wilde Thiere gebändigt werden' H 27 (hebr. חסם Jes. 48, 9).

חטר ‚Scepter' H 3. 9. 15. 20. 25 (hebr. חֹטֶר, aram. חֻטְרָא, aber in der Bedeutung ‚Stock, Stab'; für ‚Scepter' wird hebr. שָׁבָט und שָׁרְבִים gebraucht).

חיה ‚wildes Thier' H 27 (hebr. חַיָּה, aram. חַיְוָה).

חכמה ‚Weisheit', חכמתה ‚seine Weisheit' P 11 (hebr. und aram. חָכְמָה).

חלבבה n. l. H 3. 9.

חמא ‚Zorn' H 33 (hebr. חֵמָה, aram. חֲמָא Dan. 3, 13. 19).

חמאת oder חנאת H 19.

חנא (Rad. חנן?), חנאה P 12.

חני ‚lagern', מחנת (constr.) ‚Lager' P 13. 16. 17 (hebr. חָנָה und מַחֲנֶה).

חקק ‚eingraviren, schreiben' או תחק עלה ‚oder wenn du darauf schreibst' H 34 (hebr. חקק, phönik. המחקק CIS 51).

חר ‚Loch, Höhle', חר ו חיה ‚Höhle eines wilden Thieres' H 27. Vgl. חרא

H 23 und חרה H 28 (hebr. חֹר, aram. חוֹרָא).

חרב ‚Schwert, Krieg' P 5. H 9. 25 (hebr. חֶרֶב, aram. חַרְבָּא).

חרב ‚zerstört', קירת חרבת ‚zerstörte Städte' P 4 (hebr. חָרֵב, aram. חרב; vgl. הָחֳרָבַת Ezra 4, 15).

י

יאדי n. loci P 2. 5. 8. 12. H 1. 15.

יבל Pael ‚führen', ויבל אבי ‚und es führte mein Vater (Geschenke)' P 6. Vgl. auch P 14; dagegen ist P 21 dunkel (hebr. הוֹבִיל, syr. ܐܘܒܠ).

יד ‚Hand' H 4; ידי ‚meine Hand' H 2. 8; ידה ‚seine Hand' H 25 (hebr.-aram. יד).

יטב ‚schön sein'; והיסבתה ‚und er machte es schöner' P 9; והיסבתה ‚und ich machte es schöner' B 12 (hebr. אוֹטִיב und הֵיטִיב ,יָטַב, targ. יְטַב ,יְטֵיב).

יום ‚Tag', ביומי ‚in meinen Tagen' P 18; ביומוה ‚in seinen Tagen' P 9; ביומי אבי P 10; ohne י dagegen בימ H 9. 10 (hebr. יוֹם, pl. יָמִים, Mesa-Inschr. pl. ימן, phön. ימם, aram. יוֹמָא, pl. יוֹמִין ,יוֹמַיָּא).

יכא ‚ausgehen'; davon מוקא שמש ‚Sonnenaufgang' P 14. Vgl. יֹקֵא P 22 (hebr. יצא, aram. יְקָא, arab. وقى).

ירי ‚gründen, stiften'. ירה לאלה אבה ‚er hat es gegründet dem Gotte seines Vaters' (hebr. יָרָה Hiob 31, 8.

Gen. 31, 51 und in den alten n. loci composita mit ירד und ירד).

ירך ‚Lende' H 20.

ישב ‚sitzen', ישב ‚er wird sitzen' H 15. 20; ישבת ‚ich bin gesessen' H 8; הושבני ‚er hat mich gesetzt' P 19. B 5; הושבת H 19; מֹשב ‚Sitz, Thron' H 8. 20; מֹשבי ‚mein Thron' H 15. קירת ישֹבת ‚bewohnte Städte' P 4. Vgl. auch שם ישובו H 8 und השב (?) H 14 (hebr. יָשַׁב, מושַב, aram. יְתַב, מותבא und מיתבא).

יתר ‚übrigbleiben', ויתרה ‚und sein Ueberrest' P 4 (hebr. יתר, aram. יתר).

כ

כבדו ‚Ehre' H 11 (hebr. כָּבוֹד, sab. כבודת ‚Ehrengaben', aramäisch in der Bedeutung ‚Schwere' und ‚Ehre' durch die Wurzel יקר ersetzt).

כבר n. loci P. 10. 12.

כבר ‚gross, viel sein' וכברת חמה ושערה ‚und Weizen und Gerste war reichlich' P 9; והכבר קירת חרבת ‚und, er machte zahlreich die zerstörten Städte' P 4 (hebr. und aram. כָּבִיר und Hiph. יַכְבִּיר ‚viel machen' Hiob 35, 16).

כיץ ‚Sommer' status emph. כיצא B 19 (hebr. קיץ, aram. קַיִם Dan. 2, 35, arab. قَيْظ).

כל ‚all, ganz' כל אלהי יאדי ‚alle Götter von Ja'di' P 22; ביתה כלה ‚sein ganzes Haus' P 19; מחנת מלך אשור כלה ‚das ganze Lager des Königs von Asur' (hebr.-aram. כל).

כנף ‚Rockzipfel' metaph. ‚Partei', אחז בכנף מראה ‚er hielt sich fest an dem Rockzipfel seines Herrn', d. h. ‚schloss sich seiner Partei an'. Vgl. Zach. 8, 23: ‚zehn Männer von allen Sprachen der Völker werden fassen den Rockzipfel eines Juden (החזיקו בכנף איש יהודי), indem sie sprechen werden, wir wollen uns euch anschliessen' (hebr. כָּנָף, aram. כנפא).

כסף ‚Silber' P 11; B 10 (hebr. כֶּסֶף, aram. כַּסְפָּא).

כרם ‚Weingarten' H 7 (hebr. כֶּרֶם, aram. כַּרְמָא).

כרסא ‚Thron', syn. mit מֹשב B 7 und Basaltfragment 4 וכרומא (hebr. כֵּס, aram. כָּרְסָא Dan. 5, 20 etc., aber auch phön. כרסים CIS 22. 44. 88).

כפירי Orts- oder Volksnamen, בעלי כפירי P 10; בני כפירוי H 10 (hebr. n. loci כפירים).

כרת ‚schneiden' (?), vielleicht in לחברות חרב ולשן H 11 und in ואמן כרת מן בית אבי ‚er hielt fern Krieg und Verleumdung von dem Hause meines Vaters'. Vgl. 1, Sam. 20, 15: לא תכרית את חסדך מעם ביתי. (Im späteren Aramäisch ist die der hebr. Radix entsprechende Wurzel כרת verloren gegangen, weil es zur Verwechslung mit כרת [كَرَاتْ ,כרשׂ] geführt hätte.)

כתם ‚verbergen', פלכתת שׂמה בלבני P 31.

פלכתתשה ‚schlagen, zerschlagen', באבני ‚und wenn er es (das Denkmal) mit Steinen zerschlägt' H 31 (hebr. כָּתַשׁ und כָּתַת ,zerstossen, zerschlagen', letzteres von Götzenbildern וכל פסיליה יכתו Micha 1, 7; aram. כתש und כתת dasselbe).

ל

ל Präposition. 1) nach: העבר אבי מן דמשק לאשר ,er liess hinüberführen meinen Vater von Damaskus nach diesem Orte' P 18. 2) zu (vom Uebergang in einen neuen Zustand): לנצב ,[er wurde eingesetzt] zum Präfecten' H 10; לבנא ,[er nahm ihn] zum Sohne' H 13. 3) Zeichen des Dativs: Er stiftete das Denkmal לאבה ,seinem Vater, dem Panammu' P 1. 20; להדד ,dem Hadad' H 1; לאלה אבה ,dem Gotte seines Vaters' H 29. Mit Suff. והקם לה ,und er errichte ihm' P 18; אל יתן לה ,er möge ihm nicht geben' H 23; להם ,ihnen' B 18; יתנו לי ,geben sie mir' H 4. 11. 4) vor dem Infinitiv: לאכל ,zu essen' H 23; למנע ,abzuhalten' H 24.

לא ,nicht', פלא נתן הדד ,und nicht gab Hadad' H 13 (hebr. u. aram. לא).

לבן ,Ziegelstein', בלבני ,mit Ziegelsteinen' P 31.

לו Conj. ,wenn'. לו בעל כסף הא ולו בעל זהב ,wenn er auch ein Besitzer von Silber ist oder ein Besitzer von Gold' P 11; לו שחת באשרה ,oder wenn er es zerstört an seinem Orte' H 31. Mit Elision des ו und im Anschluss an das darauffolgende Wort: סלבתשה

באבני ,und wenn er es mit Steinen zerschlägt' H 31. סלכתם שמה בלבני ,und wenn er seinen Namen bedeckt mit Ziegelsteinen' H 31; ferner לחסן בר איחה H 30 und לבבתי נתן סת ,vielleicht dass er durch meine Tochter männliche Nachkommen gewährt'(nur hebr. לו und לוּלֵא, arab. لَوْ, fehlt im Aramäischen).

ותלעי עינך לעי ,verhüllen' (?) nur in H 32.

לקח ,nehmen'. ולקח מראה ,und es nahm sein Herr' P 17; יקח ,er wird nehmen' H 10; יקחו מן ידי ,sie nehmen aus meiner Hand' H 12 und יקחני לבנא ,er nimmt mich ,zum Sohne' (adoptirt mich) H 13 (hebr. לקח, Mesa-Inschr. 17. 20 ואקח ,und ich nahm', phön. לקחת ,zu nehmen' EUTING 241, CIS 166. Auch auf der aramäischen Inschrift von Carpentras, Z. 3 findet sich die Wurzel מן קחי ,nimm Wasser' CIS 141 und vereinzelt im Talmud (vgl. LEVY, Wörterbuch s. v.), in den aramäischen Dialecten sonst durch נסב verdrängt.

לשן ,Zunge' und ,böse Zunge', חרב ולשן ,Krieg und Verleumdung' H 9 (hebr. לָשׁוֹן, aram. לִשָּׁן).

מ

מא in dunklem Zusammenhang H 3 (?) und 29; als pronom. indef. in מן ,und das was' H 9 und ומן H 4 und 22. Dann in ומה אשאל vielleicht für וּםָ הָ (= hebr. וּמָה הוּא) endlich in מָן וּ הָ (מוֹה) für מִי שָׁ הָ oder משׁה (oder מׁה).

מכר ‚verkaufen'; מוֹבְרִי (Stat. abs. von מְכִרוּתָא) ‚Verkaufpreis' P 10. (hebr. סָכַר ‚verkaufen', aram. מכר ‚verheiraten' die Tochter, eigentlich ‚verkaufen', sonst durch זבן verdrängt).

מלא Pael ‚füllen' P 4 (hebr. und aram. מלא).

מלך ‚König', מלך אשׁור P 12. 13. 15. 16. 17. B 19, vgl. auch P 21 und H 20; מלך יארי H 14. Pl. abs. מלך שׂמאל B 2; ‚grosse Könige' B 9. 12; מלכי רברבן const. מלכי שׂמאל P 10. 12; מלכי כבר B 17.

מלך ‚herrschen, regieren' וִימלך ‚und wird herrschen' H 25; Pael (?) מלכה ‚er machte ihn zum König' P 7.

מן Präp. 1) ‚von' (von der Bewegung von einem Orte) מן מוקא שׁמשׁ ועד מערב ‚von Osten nach Westen' P 13; מן דמשׂק לאשׁר ‚von Damascus nach diesem Orte' P 18. 2) nach den Verben des Abhaltens und Fernhaltens: הרג אבן למנע בנה P 7 und שׂחת מן בית אבה ‚fernzuhalten von ihm' H 24. 3) comparativisch: והיטבה מן קדמתה P 9 und והיטבתה מן בית חד מלכן רברבן B 12.

מנע ‚vorenthalten' H 24.

מצעה ‚Mitte', ויקם ותה במצעה ‚und er stellt es in die Mitte' H 28; const. במצעת מלכן P 10 und במצעת מלכי כבר רברבן B 9 (nur aramäisch in verschiedenen Ableitungen מצע, מצע,

מצעא etc. Die Vergleichung mit griech. μέσος erweist sich wie in vielen anderen grücisirenden Etymologien als unrichtig; hebr. dafür תך).

מרא ‚Herr', מרא רבעי ארקא ‚Herr der Viertel der Erde' B 3; מראי ‚mein Herr' B 5 und P 19; מראה ‚sein Herr' P 11. 12. 13. 15. 16. 17 (aram. מרא ‚Herr' arab. مَرْء ‚Mann' aber sab. מרא ‚Herr, Fürst'. Das Wort ist demnach altsemitisch, aber im Hebraeo-Phönikischen von אדן verdrängt worden).

מסי [ומסי] nur H 16, vielleicht ‚er soll sich reinigen und opfern' (vgl. talm. מסי ידיה ‚er wäscht seine Hände' und arab. مَسَى. Damit ist vielleicht במסות P 21 zusammenzustellen).

מת ‚sterben', ונם מת אבי ‚dann starb mein Vater' P 16; הו אנש מת ‚er ist ein todter Mensch' H 29.

מת ‚Stadt', מת בעלי כפירי ‚die Stadt der Kefiri' P 10 (vgl. CIS II 31 מת בשׂקן = assyr. mâtu, talm. מאתא etc.)

מת viell. verkürzt aus מתן ‚Gabe' H 12 ומת יקחו מן ידי ‚und Gaben nehmen sie aus meiner Hand'. Vgl. H 24.

מת ‚Mannschaft, männliche Nachkommen' P 4 und H 13.

נ

נבשׁ ‚Seele' H 17. 22 (hebr. נֶפֶשׁ, aram. נפשׁא).

נדב ‚Aufreizung', או על נדבה ‚oder durch seine Aufreizung' H 33 (hebr. und aram. נדב vom inneren edlen

Antrieb, ebenso arab. نَدْبٌ, dagegen نَدَبَ ‚antreiben').

נור, davon das *Aphel* דנר ‚er zündete an' H 31 und wahrscheinlich [ויזר] ‚zünde an' H 29. (Das Verb ist denominativ von נור ‚Feuer'. Die aramäischen Dialecte haben sonst die Wurzel יקד [auch hebräisch und arabisch] und בער [auch hebräisch]. Das im Hebräischen und Assyrischen häufige שרף fehlt im Aramäischen.)

נצב 1) ‚Statue' P 1. 20; H 1 (gemeinsemitisch). 2) ‚Präfect' H 10 (hebr. נציב).

נשי(?), davon במצעה מתנשה, wie es scheint *Ethpaal*, H 28.

נשי ‚Frauen' . . נשי בם P 8.

נתן ‚geben', נתן ‚er gab' H 2. 8. 13. 14; נתנו ‚sie haben gegeben' H 20; יתנו ‚sie geben' H 4 und 12 (?); אל יתן ‚er möge nicht geben' H 23; davon מתן H 24 und vielleicht auch מת (hebr. נָתַן, aram. נתן; im Perf. jedoch יְהַב).

ס

סאל wahrscheinlich für סאן H 26 (hebr.-aram. סאן).

סגר ‚schliessen', מסגרת ‚Gefängnisse' P 4. 8 (hebr. סֹגֵר, aram. סְגַר Dan. 6, 23).

סמת ?in יסמת מלך P 21.

סעד ‚stützen', ורסעד אברי ‚und er wird befestigen die Macht' H 15. 21 (hebr. סָעַד, aram. סְעַד Ezra 5, 2).

ע

עבד ‚Knecht', עבד תגלתפליסר ‚Knecht des T.' B 2. (SACHAU verweist hübsch auf 2 Könige 17, 3: ויהי לו הושע עבד ‚und Hosea ward ihm Knecht' nämlich Salmanassar IV.)

עבד ‚bearbeiten', יעבד ארק וכרם ‚sie bearbeiten Acker und Weingarten' H 7 (hebr. עבד ארמה, aram. עֲבַד. Vom Bearbeiten des Bodens sagt man im Aramäischen פלח).

עבר, davon *Aphel* העבר אבי ‚er führte hinüber meinen Vater' P 18 (hebr. עָבַר, aram. עֲבַר).

עד ‚bis', עד מלך אשור ‚bis zum König von A.' P 7; מן מקא שמש ועד מערב ‚von Osten bis Westen' P 13.

על 1) ‚auf, über' על מלכי כבר ‚über die Könige von K.' P 12; על משב [er sitzt] auf dem Thron' H 8. 15. 20. 25; על כרסא ‚auf dem Thron' B 7. 2) ‚auf Grund von etwas, durch' על קשתה או על אמרתה ‚durch seinen Bogen oder auf seine Rede hin' H 26 und על קשתה או על נבירתה או על אמרתה או על נדבה H 32 (hebr. על חרבך תחיה Gen. 27, 40 und על דברתי מלכי צדק Ps. 110, 4; aram. עַל דִּבְרַת). Vgl. noch ועל יבל P 21.

בעלמי עלם in H 1 ‚Jugend'?

עם ‚mit' H 17. 22; עמי ‚mit mir' H 2. 3; עמך ‚mit dir' H 17 (hebr. und aram. עִם).

עין ,Auge', עיני ,mein Auge' H 30; עינך ,dein Auge' H 32 (hebr. עַיִן, aram. עֵינָא).

ערב, davon מערב ,Westen' P 13. 14.

פ

פ Conjunction (ähnlich dem arab. فَـ), פמן ,und das was' H 3; פלא ,und nicht' H 3; פפנמו ,und Panammu' H 15; פהא ,und er' B 18; פאמרת ,und ich sagte' H 21; פלכתשה ,und wenn er es zerschlagen hat' H 31; פלכהם שמה ,und wenn er verborgen hat seinen Namen' H 1.

פא ist vielleicht nur eine volle Schreibung für פ in הדד ,פא ,und Hadad' P 22 und פא שרה H 33. HA-LÉVY hält es gleich hebr. פֹּה ,hier'.

[פחה] ,Statthalter' in der Phrase: פחי ואחי יאר ,die Statthalter und die Nebenkönige von J.' (hebr. פֶּחָה). Besonders instructiv für syrische Verhältnisse ist die Stelle 1 Kön. 20, 24: Die Diener des Königs von Aram sagen zu Ben-Hadad, der mit zweiunddreissig Königen, seinen Helfern, eine Niederlage erlitten hat: הסר המלכים איש ממקמו ושים פחות תחתיהם ,Entferne die Könige von ihren Posten und setze anstatt ihrer Statthalter ein'. Die ganze Schilderung der kleinstaatlichen Verhältnisse Syriens, denen Ben-Hadad ein Ende machen sollte, bildet eine interessante Beleuchtung der Inschriften von Sendschirli und bietet ein hübsches Seitenstück zu unserer Stelle.

פי ,Mund' (nach SACHAU) P 11, aber das daneben vorkommende echt aram. פם macht diese Erklärung zweifelhaft.

פם ,Mund', בפם זד ,mit frevelhaftem Munde' H 29; בפם אנש ,durch den Mund der Menschen' H 30 (aram. פֻם, hebr. פֶּה, arab. فَمٌ und فُو).

[נ]פלט ,entkommen, entrinnen' פלט P 1 und Pael: פלמה ,sie haben ihn gerettet' P 2 (hebr. und aram. פלט).

פנמו n. pr. m. 1) der Jüngere, Sohn des Bar-Ṣûr P 1. 10. 15. 16. 20 B 2. 2) der Aeltere, Sohn des Ḳarrûl P 5. H 1.

פרם ,Hälfte', פרם בשקל ,eine halbe (Mass) um ein Schekel' P 6. (Vgl. talm. פרס.)

פשש ,untersuchen', ופשש מסגרת ,und er untersuchte die Gefängnisse' P 8 (späthebräisch und talm. פשש ,untersuchen').

צ

צדק ,Gerechtigkeit', בצדק אבי ובצדקי ,durch die Gerechtigkeit meines Vaters und wegen meiner Gerechtigkeit' P 19. B 4 und Basalt-Fragment 3; בצדקה ,durch seine Gerechtigkeit' P 11 (hebr. und aram. צדק).

צר in dem Eigennamen בר צר P 1. 20. (Wenn צר mit hebr. צוּר ,Felsen' aram. מורא arab. ﺿ zusammenzustellen ist, so hätten wir ein weiteres Beispiel von צ für aram. ט wie in כיצא für קטא).

צרי in der Phrase בפם אנש צרי ‚durch den Mund feindlicher (?) Menschen‘ (wahrscheinlich ist קרי zu lesen. Vgl. hebr. צרר, arab. ﺿﺮ).

ק

קבר ‚Grab‘, קבר אבי ‚das Grab meines Vaters‘ P 22 (hebr. קֶבֶר, aram. קִבְרָא).

קדם ‚vor‘, קדם קבר אבי ‚vor dem Grabe meines Vaters‘ P 22; קדם אלהי וקדם אנש ‚vor Göttern und vor Menschen‘ P 23; והטבה מן קדמתה ‚und er machte es (das Haus) schöner als es früher war‘ P 9. (Aram. קדם, hebr. לִפְנֵי).

קום 1) ‚sich erheben‘, וקם אלה und es erhob sich (ein Empörer?)‘ P 2; קם עמי ‚er (Hadad) erhob sich mit mir (stand mir bei)‘ H 3; קמו עמי ‚die Götter standen mir bei‘ H 2. 2) ‚sich stellen‘ (vom Preise) וקם פרס בשקל ‚und es stellt sich ein Halbe (Weizen) um ein Schekel‘ P 6. 3) ‚starr sein‘, קם עיני ‚mein Auge war starr‘ H 3. Aphel: והקם לה מבכי בארח ‚und er errichtete ihm eine Trauerfeier auf dem Wege‘ P 18; הקמת מצב זן ‚ich habe errichtet dieses Denkmal‘ H 1; והקמת מצב ‚und du wirst errichten das Denkmal‘ H 14; ויקם ותה במצעה ‚und er wird es in die Mitte stellen‘ H 28; ויקם מנצ בר קרל מלך H 14 (hebr.-

aram. קום. Zu 3 vergleiche 1 Könige 14, 4 קָמוּ עֵינָיו).

קיר ‚Stadt, Festung‘, קירת חרבת ‚zerstörte Städte‘ P 4; קירח מן נבל נרגם ‚Städte vom Districte Gurgum‘ P 15, (hebr. קִיר, Mesa-Inschrift כר).

קנא dunkel P 8.

קרב Pael, קרבן Basaltfragm.

קרל n. pr. m. P 5. H 1. 13. 14.

קשת ‚Bogen‘, על קשתה ‚durch seinen Bogen‘ H 26. 32 (hebr. קֶשֶׁת, aram. קַשְׁתָא).

קתל (‚tödten‘?), בית קתילת ‚das Haus der Getödteten‘ P 8 (hebr. und aram. קטל, arab. ﻗﺘﻞ).

ר

רבע ‚Viertel‘, רבעת ארקא ‚die Viertel der Erde‘ P 14 und מרא רבעי ארקא ‚Herr der Viertel der Erde‘ B 4.

רב ‚davon‘ מלכן רברבן ‚grosse Könige‘ B 10. 13 (aram. רברבין).

רגז ‚Zorn‘, ברגז ‚im Zorn‘ H 25 (hebr. רֹגֶז, aram. רוגזא).

רוי, davon רוי Stat. abs. von רויותא ‚Sättigung‘ H 4. Vgl. H 9 und P 9 (syr. ܪܰܘܝܳܐ).

רכב 1) ein Orts- oder Volksname, בעל רכב ‚die Männer von R.‘ P 10. 2) רכב im n. pr. m. ברכב P 1. 19 und im Gottesnamen רכבאל P 22. H 2. 11. 18.

רפי Aphel ‚loslassen‘ הרפי שבי יאדי ‚und er liess frei die Gefangenen von J.‘ P 8 (hebr. רָפָה ‚loslassen‘).

רקי ,ירקי בה ‚Wohlgefallen finden‘ ‚er wird Wohlgefallen finden‘ H 18. 22 (hebr. רָצָה, aram. רְעִי, arab. رَضِيَ).

רשי Pael ‚befehlen, auftragen‘ ירשי שחת ‚er befiehlt zu vernichten‘ H 27 und 28 (späthebr. und aram. רשה ‚Macht haben‘ und רשי (אָרְשִׁי) ‚bevollmüchtigen‘).

רשף Gottheit H 3. 11 (hebr. רֶשֶׁף, phön. רשף).

ש

סאה eine Getreidegattung P 6. 9. (SACHAU vergleicht assyr. še-uw.)

שבי ‚Gefangenschaft‘ שבי יאדי ‚die Gefangenschaft J.'s‘ P 8 (hebr.-aram. שבי).

שבע, davon שבעי ‚siebzig‘. P 3. (Im Gegensatze zu dem oben Gesagten möchte ich die Zahl 70 allerdings wörtlich nehmen. Es scheint, dass nach altsemitischer Sitte die Umgebung des Fürsten oder Häuptlings aus 70 Mitgliedern bestand. Vgl. Gen. 46, 27 u. Exod. 1, 5 und Num. 11, 16. 24.)

שורה ‚Durra‘ P 6. 9 (hebr. שורה? Jes. 28, 25).

שחל dunkel P 3.

שחת ‚verderben, zerstören‘ ירשי שחת ‚er wird befohlen zu zerstören‘ H 27. 28. אבן שחת ‚Stein des Anstosses‘ P 7; שחתה ‚sein Verderben‘ P 2; *Aphel* השחת H 29 (hebr. שחת ‚zerstören‘, aram. שחיתא ‚schlecht, verderbt‘ Dan. 2, 9).

סארב eine Massceinheit P 6.

שם ‚machen, setzen‘ שם ח מצב ‚dieses Denkmal hat gesetzt‘ P 1; שם מת ‚er stellt die Stadt‘ (unter die Obhut meines Vaters‘, P 10); ושמת מצב ח ‚und ich habe errichtet dieses Denkmal‘ P 20; תשמ חרב בביתי ‚ihr brachtet Krieg in mein Haus‘ P 4 (hebr.-aram. שים).

שלש, davon בשלשן מלכן ‚wie 30 Könige‘ Basaltfr. Z. 2.

שם ‚Knoblauch‘, ארץ שמי ‚ein Land von Knoblauch‘ H 6 (hebr. שום, aram. תומא, arab. ثوم).

שמאל n. l. B 2. 7.

שמש ‚Sonne‘ (Gottheit) P 13. 14.

שמרג Name eines Ortes? P 16.

שערה ‚Gerste‘ P 6. 9; pl. שערי H 5 (hebr. שְׂעֹרָה pl. שְׂעֹרִים, aram. שערתא und שערין).

שקל ein bestimmtes Gewicht (Silber), welches als Münzeinheit galt P 6 (hebr.-phön. שֶׁקֶל, aramäisch auf den assyrischen Gewichten שקל).

שתי ‚trinken‘ אכל ושתא H 9; משת ‚Getränk‘ P 6 (hebr. מִשְׁתֶּה, שָׁתָה, aram. משתיא, שתה).

שתי ‚machen, verknüpfen‘ ותשתי נבש פנמו עמך ‚und du wirst verknüpfen die Seele des P. mit dir‘ H 17. 22 (hebr. שתי, أَشْتَى, سَتَّا).

ת

תלתפלסר Tiglatpileser (III) P 15. 16 auch תלתפליסר geschrieben B 3. 7.

Rückblick und Schluss.

Ziehen wir das Facit aus der vorangehenden Analyse des Sprachschatzes, so stellt sich heraus, dass der grösste Theil von den etwa 180 Wurzeln, die uns in den Inschriften von Sendschirli erhalten sind, dem Hebräischen und Aramäischen gemeinsam sind.

Als aramäisch dürfen folgende Wörter gelten: בר ,אשר ,אנש ,אנה, רוו ,רברבן ,קדם ,פס ,הנר ,משי ,מרא ,מצעה ,זנה ,זי ,ותה ,הית ,הות.

Folgende Wörter lassen sich nur im Hebräischen nachweisen: חקק, (חיה für) חיה ,זר ,נם, (ברת für) בת ,(בר von) בני ,אש ,אנך ,אלה, הרפ. ,(פם für) פי ,(perf.) נחן ,לו ,ירה. Der Umstand, dass diese Wörter und Formen bisher in aramäischen Dialecten nicht vorgekommen sind, ist durchaus kein Grund, sie ohne Weiteres dem Aramäischen abzusprechen.

Wir haben aus der Betrachtung dieser Inschriften die Ueberzeugung gewonnen, dass uns hierin aramäische Sprachdocumente aufbewahrt sind, die an Alterthümlichkeit der Formen und Sprachbildungen alle anderen aramäischen Sprachüberreste, die biblischen nicht ausgeschlossen, überragen. Sie bieten uns noch ein Bild der werdenden aramäischen Sprache und zeigen noch in Lauten und Formen ein Schwanken, wie wir es in den spätern aramäischen Texten nicht mehr beobachten können. Wir bekommen sozusagen einen Einblick in die Werkstatt der Sprache. Hierin liegt meines Erachtens der unschätzbare Werth dieser Denkmäler. In zweiter Reihe kommen erst die historischen Resultate, die sich für die alte Geschichte Syriens, wie für die biblische Zeit daraus ergeben! Es sind nicht bestimmte historische Thatsachen der Bibel, die dadurch bestätigt werden, wie etwa durch die Mesa-Inschrift. Diese Inschriften bieten uns vielmehr eine Art Genrebilder, welche eine gleiche Pinselung und ein gleiches Colorit zeigen wie die Erzählungen aus dem Buche der Richter- und der Königszeit.

Die Ausgrabungen von Sendschirli sind auch deswegen epochal, weil sie ein neues Feld der Forschung aufgedeckt, das noch reiche Ausbeute verspricht. Es ist schon oben darauf hingewiesen worden, dass die altsemitischen Inschriften mit der ihnen entsprechenden Architectur in Sendschirli eine mittlere Periode historischer Entwicklung darstellen. In eine noch ältere Zeit reichen die Ueberreste syrisch-kappadokischer Kunst, die mit Inschriften in den noch nicht entzifferten sogenannten hetitischen Hieroglyphen bedeckt sind. Von wem letztere herrühren und aus welcher Zeit sie stammen, wissen wir vorläufig nicht. Voraussichtlich bergen die noch nicht aufgedeckten Paläste von Sendschirli den Schlüssel zu diesem Geheimniss, vielleicht findet man bei weiteren Nachgrabungen einen neuen Stein von Rosette, eine zweisprachige Inschrift, die uns die dunklen Hieroglyphen erschliessen wird.

Das Orient-Comité in Berlin, welches durch seine bisherige rühmliche Thätigkeit so grosse Verdienste um die Wissenschaft sich erworben, hat die Ehrenpflicht, nicht auf halbem Wege stehen zu bleiben und die Ausgrabungen in Sendschirli zu Ende zu führen. Wie sich das Unternehmen des Wohlwollens des greisen Kaisers Wilhelm I. und der warmen Theilnahme des Kaisers Friedrich erfreute, so werden auch der jetzige Kaiser und seine Regierung die Interessen des Orient-Comités fördern, der Wissenschaft zum Nutzen und Deutschland zum Ruhme.

Das altaramäische Alphabet auf der Statue des Panamma.